La Mère de la Douce Béatitude

Swami Amritaswarupananda

Mata Amritanandamayi Center, San Ramon
Californie, États-Unis

La Mère de la Douce Béatitude

Publié par:
Mata Amritanandamayi Center
P.O. Box 613
San Ramon, CA 94583
États-Unis

———————— *Mother of Sweet Bliss (French)* ————————

Copyright © 2004 Mata Amritanandamayi MissionTrust, Amritapuri, Kerala 690546, Inde.
Tous droits réservés. Aucune partie de cette publication ne peut être enregistrée dans une banque de données, transmise ou reproduite de quelque manière que ce soit sans l'accord préalable et la permission expressément écrite de l'auteur.

Première édition par le Centre MA : septembre 2016

En France :
Ferme du Plessis
28190 Pontgouin
www.ammafrance.org

En Inde :
www.amritapuri.org
inform@amritapuri.org

Table des matières

Partie 1. Biographie — 5

Une enfant divine — 7
La petite Sainte — 15
Un travail de servante — 23
Désir intense pour Krishna — 31
Le Krishna Bhava — 37
Les miracles de Soudhamani — 43
L'enfant de la Mère Divine — 49
Des amis fidèles — 57
La Mère de la douce Béatitude — 65
Les semeurs de troubles — 71
Étreindre le monde — 81

Partie 2. Expériences des enfants d'Amma — 87

La couronne de Krishna — 87
Le lépreux Dattan — 88
Amma guérit un jeune paralysé — 91
L'opération de Krishnan Ounni — 91
Une petite fille revient à la vie — 92
La foi d'une enfant — 93
Le manguier — 94
Une fleur pour Krishna — 95
Jason — 96

Partie 3. L'enseignement d'Amma — 99

Première partie
Biographie

Chapitre un

Une enfant divine

En Inde, sur la côte sud du Kérala, il existe un petit village appelé Parayakadavou qui s'étend sur une étroite péninsule couverte de cocotiers, entre la mer d'Oman et la lagune. Ses habitants sont pêcheurs depuis la nuit des temps, et l'on raconte bien des histoires sur la sainteté et la grandeur de ce village.

Il y a bien des années, à Parayakadavou, un garçon de treize ans, nommé Sougounanandan Idammanel, s'amusait à grimper à un arbre de cajou avec son cousin. Ils venaient juste de rentrer de l'école. Les enfants savouraient les délicieuses noix, quand ils virent soudain arriver dans leur direction un moine aux longs cheveux et à la barbe immense. Il était vêtu de la robe orange traditionnelle des moines hindous. Les garçons ne l'avaient jamais vu auparavant et la lumière magnifique qui émanait de son visage les remplit d'étonnement. Tout d'un coup, l'homme éclata d'un rire joyeux, et se parlant à lui-même, déclara à haute voix : « Beaucoup de moines atteindront ici le samadhi (état d'union avec Dieu). Ils verront Dieu. Cet endroit deviendra sacré ! » Puis il poursuivit son chemin, riant toujours d'un rire extatique. Ils ne le revirent plus jamais.

Sougounanandan et son cousin étaient perplexes. Qu'avait voulu dire le moine en affirmant que ce lieu deviendrait un jour sacré ? Il ne comprirent le sens de ces paroles que bien des années plus tard. La famille de Sougounanandan appartenait à une caste de pêcheurs. C'était leur métier depuis des générations et ils étaient très religieux.

Adulte, Sougounanandan devint marchand de poisson ; il revendait les prises des autres pêcheurs. Il épousa Damayanti, une jeune femme d'un village voisin, qui venait elle aussi d'une famille très pieuse.

Damayanti et Sougounanandan eurent huit enfants, quatre garçons et quatre filles. Alors qu'elle attendait son troisième enfant, Damayanti fit des rêves étranges et merveilleux dans lesquels apparaissaient le Seigneur Krishna, le Seigneur Shiva et la Mère divine. Une nuit, elle rêva qu'un être mystérieux lui donnait une magnifique statue de Krishna, toute en or. Sougounanandan, lui aussi, vit la Mère divine en rêve. Ils se racontèrent leurs rêves. Ils se demandaient ce que cela pouvait bien signifier ; ils se disaient qu'il allait sûrement leur arriver quelque chose de très spécial mais ils étaient loin de soupçonner ce que Dieu leur réservait.

Une nuit, Damayanti fit le plus extraordinaire des rêves. Elle rêva qu'elle donnait naissance au plus bel enfant que la terre ait porté, et que cet enfant était Krishna. Elle se vit, tenant dans les bras l'enfant divin. Il restait encore un certain temps avant l'accouchement et elle avait prévu, le moment venu, d'aller chez ses parents. Mais le lendemain de ce rêve, comme elle travaillait sur la plage, elle eut soudain l'intuition très forte qu'elle devait rentrer. Elle cessa de travailler et retourna chez elle. Alors elle se rendit compte qu'elle était sur le point d'accoucher.

A cette époque, Damayanti et son mari vivaient dans une simple hutte. Sitôt entrée, elle s'allongea sur une natte en paille et l'enfant naquit. Tout alla si vite qu'elle ne ressentit aucune douleur. Elle remarqua que l'enfant ne pleurait pas, contrairement à ce que font tous les bébés à la naissance. En regardant le nouveau-né, elle vit que c'était une petite fille et fut émerveillée par son sourire rayonnant. Jamais elle n'oublia la façon dont le bébé l'avait regardée. C'était un regard qui semblait tout connaître, un regard si puissant et si aimant qu'il lui alla droit au cœur…

Une voisine qui passait par là regarda par la porte de la hutte. Elle comprit ce qui s'était passé et entra aussitôt pour s'occuper de Damayanti et de son nourrisson.

C'est ainsi que, le matin du 27 septembre 1953, la Sainte Mère prit naissance dans une simple hutte de palmes tressées. Non loin de la hutte, les vagues de l'océan dansaient joyeusement sur la côte, et sur la lagune toute proche, de minuscules vaguelettes clapotaient doucement le long de la rive, comme si Mère Nature chantait une berceuse pour accueillir l'enfant qui venait de s'incarner.

La petite fille manifesta de nombreux signes de sa divinité, mais personne n'y prit garde sur le moment. Elle se tenait allongée les jambes croisées dans la posture du lotus, ses petits doigts formant un moudra (un geste sacré). La peau de l'enfant, plus sombre que celle des autres membres de la famille, avait une teinte bleue foncée, ce qui ennuyait ses parents. Croyant qu'elle était malade, ils consultèrent plusieurs médecins, mais ceux-ci demeurèrent perplexes. Ils conclurent qu'elle souffrait d'une maladie inconnue et conseillèrent à Damayanti de ne pas lui donner de bain pendant six mois ; ils pensaient qu'ainsi, la couleur du bébé redeviendrait normale. Damayanti suivit scrupuleusement leurs conseils, sans résultat. La peau du bébé resta bleue pendant longtemps.

Les parents donnèrent à leur petite fille le nom de « Soudhamani », ce qui signifie « Pur Joyau ». Mais ce n'était pas une enfant comme les autres. Elle n'avait que six mois quand elle commença à parler, ce qui est anormalement précoce. A la même période, elle se mit aussi à marcher. D'ordinaire, les bébés se déplacent à quatre pattes pendant plusieurs mois. Vers l'âge d'un an, ils finissent par se redresser et se tenir sur leurs jambes pour s'exercer à la marche debout. Mais Soudhamani ne traversa pas ces étapes et ne marcha jamais à quatre pattes. Elle avait six mois quand, assise dans la maison que la famille venait de faire construire, elle se leva soudain et traversa la véranda ! Peu de temps après, elle étonna tout le monde en se mettant à courir...

Dès l'âge le plus tendre, Soudhamani aima le Seigneur Krishna d'un amour passionné. A peine avait-elle appris à parler qu'elle se mit à répéter constamment « Krishna, Krishna ». A l'âge de deux ans, elle priait déjà. Elle aimait chanter de petites chansons de sa composition pour Krishna, et elle l'adorait ainsi chaque jour. A quatre ans, assise devant une petite image de Krishna, elle chantait avec une dévotion et un amour intenses. Cette image était son plus grand trésor. Elle la portait toujours à l'intérieur de son chemisier et la sortait pour la contempler, sans pouvoir s'arracher à cette contemplation...

Son amour pour le Seigneur ne cessait de grandir. A l'âge de cinq ans, son cœur débordait de dévotion. Elle était connue de tout le voisinage pour la beauté de son chant. Chaque fois qu'elle chantait, elle contemplait sa petite image de Krishna, sans jamais se lasser.

Souvent, elle était si absorbée dans la pensée du Seigneur qu'elle oubliait complètement tout ce qui l'entourait. Ses parents la retrouvaient assise, seule, totalement immobile, les yeux fermés. Parfois, ils la découvraient à côté de la lagune, en train de regarder fixement et paisiblement l'eau ou le ciel bleu. Elle semblait dans un autre monde.

Mais au lieu de chérir cette petite fille extraordinaire, toute la famille la rejeta parce qu'elle était trop différente et que sa peau était foncée.

Une enfant divine

Ses parents ne comprenaient pas son intense dévotion pour le Seigneur. Ils trouvaient son attitude anormale. Ils ne pouvaient pas comprendre pourquoi leur petite fille chantait tout le temps pour Krishna, dansait souvent en tournant sans fin sur elle-même, inconsciente du monde qui l'entourait. Et quand elle entrait dans un état de béatitude, ce qui lui arrivait souvent, ils pensaient qu'elle jouait à un jeu stupide. Ils lui reprochaient de ne pas être comme les autres et la traitaient souvent avec dureté. Ils saisissaient la moindre occasion de la gronder et de la frapper. Lorsqu'ils rendaient visite à la famille ou participaient à une fête religieuse, ils emmenaient avec eux tous leurs enfants, sauf elle. Soudhamani devait rester pour garder la maison et s'occuper des animaux domestiques. Aux yeux de ses parents, elle n'était qu'une servante. Elle était traitée comme une étrangère dans sa propre famille. Mais Soudhamani ne se plaignait pas. Elle aimait être seule, et c'était pour elle une bonne occasion de penser à Sri Krishna.

A côté de la maison, il y avait une étable où Soudhamani aimait se retrouver seule en compagnie des vaches. Là, elle chantait pour Krishna, méditait et priait de tout son cœur. Soudhamani était heureuse dans l'étable car elle aimait les vaches, comme le divin petit pâtre Krishna les avait aimées en son temps.

Malgré son très jeune âge, ses maîtres remarquèrent vite son intelligence exceptionnelle. Il lui suffisait d'entendre une leçon pour s'en souvenir. Elle était aussi capable de mémoriser tout ce qu'elle lisait. Au cours préparatoire, elle écoutait parfois les leçons destinées aux enfants des classes supérieures, et récitait ensuite ces leçons-là aussi, avec la même facilité. Alors que les autres enfants, dont son frère et sa sœur aînés, étaient parfois punis par l'institutrice parce qu'ils n'arrivaient pas apprendre un poème par cœur, Soudhamani, bien que beaucoup plus jeune, était capable de chanter joyeusement le même poème tout en dansant sur la mélodie comme un papillon délicat. Les enseignants l'appréciaient beaucoup. Sa mémoire extraordinaire les surprenait ; ils n'avaient jamais rien vu de pareil. Elle avait les meilleures notes dans toutes les matières et bien qu'elle fût souvent contrainte de rester à la maison pour aider sa mère dans les tâches domestiques, elle était la première de sa classe,.

Soudhamani était pleine de vie et d'énergie. Les villageois l'appelaient affectueusement « Kounjou » (la petite). Ils appréciaient la noblesse de son caractère, sa dévotion intense pour le Seigneur, son amour pour toutes les créatures, sa gentillesse envers les pauvres et les malheureux, et son doux chant mélodieux. Elle avait aussi une grande capacité d'écoute. Ceux qui la rencontraient et lui parlaient sentaient leur cœur s'ouvrir. Malgré son jeune âge, ils lui confiaient tous leurs problèmes. Les étrangers aussi se sentaient attirés par elle, dès qu'ils l'apercevaient.

Les magnifiques chants composés par Soudhamani sont souvent tristes, car elle y exprime sa nostalgie de Krishna. Le fait d'être séparée du Seigneur la plongeait dans une douleur extrême. Dans ces chants, elle L'appelait, Le suppliait de venir la retrouver, exprimait à quel point elle se languissait de Sa présence. Quand elle chantait, ses joues ruisselaient de larmes. Elle pleurait tant que son coeur se brisait. A la vue d'un tel chagrin, les voisins s'inquiétaient, certains essayaient de la consoler. Mais seul Krishna aurait pu consoler la petite fille et la rendre heureuse. Et les villageois comprirent que Soudhamani demeurait dans un autre monde.

Soudhamani se levait tous les matins bien avant le lever du soleil et saluait le Seigneur en chantant. Tous les voisins trouvaient la voix de la petite fille si pure, si douce et enchanteresse, qu'ils essayaient de se lever tôt pour l'écouter rendre hommage à Dieu et à la nouvelle journée. Mais sa famille ne l'appréciait guère et la maltraitait fréquemment.

Si son père la rudoyait souvent, c'était surtout parce qu'il ne la comprenait pas, mais au fond de lui-même, il aimait beaucoup sa fille. Parfois Soudhamani éprouvait le désir intense de tout quitter, de laisser là sa maison, sa famille et tout ce qu'elle connaissait, pour consacrer son temps à méditer sur Krishna. Elle rêvait aux montagnes sacrées de l'Himalaya, où les yogis méditent dans des grottes toute la journée. Un soir, elle demanda à son père : « Emmène-moi dans un endroit solitaire ! Emmène-moi dans les montagnes de l'Himalaya ! » Et elle se mit à pleurer. Les montagnes de l'Himalaya étaient très loin, tout au Nord de l'Inde, et, bien sûr, il ne pouvait pas l'emmener là-bas. Alors, mais seulement pour qu'elle cesse de pleurer, il la serra contre lui et dit : « Je vais bientôt t'y emmener. Maintenant dors, mon enfant ! » Réconfortée, elle s'endormit, la tête sur l'épaule de son père, persuadée qu'il allait l'emmener là-bas immédiatement. Mais quand elle se réveilla et vit qu'ils étaient toujours dans leur petit village de pêcheurs entouré de cocotiers, elle se remit à pleurer.

Lorsque Soudhamani ne pouvait pas dormir la nuit et insistait pour méditer dehors dans la cour, son père veillait et s'assurait qu'elle était en sécurité.

Chapitre deux

La petite Sainte

Soudhamani ne put fréquenter l'école que pendant quatre ans. A l'âge de dix ans, elle dut rester travailler à la maison pour y remplacer sa maman qui souffrait de rhumatismes. Elle avait toujours beaucoup aidé sa mère auparavant, mais maintenant, elle devait faire tout le travail toute seule.

Elle se levait tous les matins à trois heures. Parfois, quand elle était très fatiguée et n'arrivait pas à se réveiller, ce qui était très rare, sa mère se mettait en colère et lui versait un pot d'eau froide sur la tête.

Elle travaillait dur du matin au soir car il fallait nettoyer la maison, balayer la cour, aller jusqu'au puits du village chercher de l'eau potable, cuisiner pour toute la famille, récurer les pots et les casseroles, laver les habits de tout le monde, prendre soin des vaches, les traire, s'occuper des chèvres et des canards. Même pour une grande personne, tout cela aurait représenté un travail énorme, et Soudhamani n'était qu'une enfant. Mais jamais, absolument jamais elle ne se plaignait. Malgré ces nombreuses tâches, qui l'occupaient toute la journée, elle pensait constamment à Krishna. Elle ne L'oubliait pas un seul instant. Ses lèvres bougeaient constamment parce qu'elle répétait sans arrêt : « Krishna,

Krishna ». Il lui suffisait d'entendre quelqu'un dire « Krishna », pour qu'un flot d'amour jaillisse dans son cœur, au point que ses yeux se remplissaient de larmes.

Le travail qu'elle accomplissait était à ses yeux le service du Seigneur. C'est pour Lui qu'elle s'évertuait à servir sa famille. En faisant la lessive, il lui semblait qu'elle lavait les vêtements de Krishna. Le linge qu'elle mettait à sécher dehors était la parure en soie jaune de Krishna, qui scintillait au soleil. En habillant ses jeunes frères et sœurs pour aller à l'école, elle pensait vêtir Krishna et son frère Balarama. En s'occupant des vaches, elle songeait au petit enfant divin, Gopala Krishna, qui menait paître son troupeau dans les champs et les forêts de Vrindavan.

Elle avait toujours avec elle sa petite image du Seigneur, et elle la regardait souvent. Elle la serrait contre son cœur, l'embrassait, puis se mettait à pleurer tant elle désirait voir le véritable Krishna et demeurer en sa compagnie. Elle pleurait tant, que l'image était mouillée de larmes. Elle savait que la beauté de Krishna surpassait tout, que son amour était plus fort que celui de tous les êtres humains réunis. Son cœur brûlait du désir de Le voir, de jouer et de danser avec Lui. Son unique désir était d'être avec Lui pour toujours.

Soudhamani passait beaucoup de temps à porter de l'eau, à laver le linge, à patauger dans les étangs pour récolter de l'herbe pour les vaches, si bien que ses vêtements étaient toujours trempés. Comme elle portait souvent sur la tête, à la manière indienne, de lourds récipients d'eau ou du gruau de riz chaud pour les vaches, elle perdait ses cheveux sur le sommet du crâne.

Elle travaillait très dur et faisait toujours de son mieux. Malgré cela, sa mère la disputait souvent et la battait pour la moindre erreur. Des années plus tard, quand Soudhamani, devenue adulte, se pencha sur son enfance, elle expliqua : « Damayanti a été mon gourou[1] dans un sens. Elle m'a enseigné la discipline et la nécessité de faire toute chose avec le plus grand soin. Si une brindille tombait du balai quand je l'utilisais, ou si un petit morceau de détritus traînait encore sur le sol après le nettoyage de la cour, j'étais punie. J'étais aussi punie si un grain de poussière ou un peu de cendre tombait dans le pot pendant que je cuisinais ou si on trouvait la moindre trace de saleté dans un récipient quand j'avais fini de faire la vaisselle. Damayanti me frappait même parfois avec un pilon en bois. En voyant à quel point j'étais maltraitée, certains lui disaient : « S'il vous plaît, ne la punissez pas si durement ! » Mais elle faisait la sourde oreille. »

Damayanti essayait parfois d'effrayer Soudhamani. Elle disait : « Il y a un fantôme qui arrive ! Il vient pour t'enlever ! » Mais il était impossible d'intimider la petite, parce qu'elle n'avait peur de rien. Elle était très courageuse. Il y avait dans le village une vieille femme appelée Apisil, qui aimait effrayer les petits enfants. Si leur progéniture n'était pas sage, les parents demandaient à Apisil de venir chez eux. Damayanti sollicita un jour l'aide d'Apisil pour impressionner Soudhamani. La vieille femme se couvrit la tête d'un sac et s'approcha de la fenêtre près de laquelle la petite était assise. Puis Apisil se mit à sauter, à hurler, et à faire tout son possible pour l'épouvanter. Mais Soudhamani n'avait absolument pas peur. Elle regarda courageusement par la fenêtre ce monstre qui bondissait en poussant des cris perçants, et lui dit : « Va-t-en ! Je sais qui tu es. Tu es seulement Apisil. N'essaie pas de me faire peur ! » Damayanti appela Apisil plusieurs fois, mais jamais la petite ne s'en inquiéta.

Soudhamani avait un grand frère, Soubhagan, dont le mauvais caractère terrifiait toute la famille et les villageois eux-mêmes. Il se faisait une fierté de ne pas croire en Dieu. Convaincu de la supériorité des garçons et persuadé que les filles méritent tout juste

---

[1] Un gourou est un maître spirituel

d'être regardées, mais jamais écoutées, il se montrait particulièrement cruel avec Soudhamani et cherchait toujours un prétexte pour la punir. Il ne supportait pas sa dévotion envers Krishna, ni sa façon de chanter pour le Seigneur. Le seul fait d'entendre sa voix le rendait furieux.

Occupée à travailler toute la journée et tard dans la soirée, Soudhamani n'avait que la nuit pour s'asseoir seule et adorer le Seigneur. Mais il était si tard à ce moment-là que la lampe à huile de la chambre de prière[2] avait fini de brûler. Elle s'asseyait alors dans le noir et se mettait à chanter. En la voyant assise dans l'obscurité, Soubhagan se mit un jour en colère. Soudhamani lui dit : « Tu ne vois que la lumière extérieure. Mais en moi brûle une lumière qui ne peut pas s'éteindre ! » Soubhagan ne comprit pas qu'elle parlait de la Lumière divine, une lumière plus puissante et plus belle que la lumière ordinaire. Cette lumière en elle ne cessait jamais de briller, mais comment l'aurait-il su ?

Soudhamani devait fréquemment se rendre dans les maisons voisines pour y récupérer des épluchures de légumes et du gruau de riz pour les vaches. Là, elle écoutait avec patience les personnes âgées lui raconter tristement comment leurs enfants et leurs petits enfants, qui autrefois priaient pour la santé et la longévité de leurs aînés, en étaient venus à les négliger et à les maltraiter. Les vieillards se sentaient très seuls et n'avaient personne à qui parler. Soudhamani les écoutait avec beaucoup d'attention et souffrait de les voir si malheureux. Elle essayait toujours de passer un peu de temps avec eux parce que personne ne les aimait, personne ne prenait soin d'eux. En les écoutant, elle comprit à quel point les êtres humains étaient égoïstes ; et elle vit que l'amour réel et la compassion étaient presque introuvables en ce monde.

---

[2] Dans les maisons indiennes, il y a souvent une pièce spécialement réservée aux pratiques spirituelles, qu'on appelle la chambre de prière.

Mais le coeur de Soudhamani, lui, était rempli de compassion. Il s'élançait vers ceux qui étaient tristes, pauvres ou esseulés. Bien qu'elle ne fût encore qu'enfant, elle faisait tout pour alléger la souffrance des vieillards du voisinage. Parfois, quand il n'y avait personne chez elle, elle y amenait une de ces vieilles femmes abandonnées. Avec beaucoup d'affection, elle lui donnait un bain chaud, l'habillait, et la nourrissait.

Si elle apprenait que quelqu'un dans le village ne mangeait pas à sa faim, elle s'efforçait de l'aider. Elle prenait de l'argent dans le coffret de sa mère et achetait de la nourriture pour les nécessiteux. Si elle n'en trouvait pas, elle harcelait son père jusqu'à ce qu'il lui en donne un peu. Et, en cas d'échec, elle allait dans le garde-manger familial glaner quelques légumes crus et du riz pour les donner aux affamés. Un jour, elle fut prise en flagrant délit alors qu'elle dérobait de la nourriture pour un homme qui mourait de faim. Elle fut sévèrement battue, mais continua secrètement à distribuer des vivres aux pauvres, parce qu'elle ne supportait pas de voir quiconque souffrir.

Chaque fois qu'elle volait du lait, elle rajoutait de l'eau pour cacher son larcin. Damayanti ignorait que les méfaits de Soudhamani avaient pour seul but d'aider des familles démunies qu'elle avait prises en amitié.

Soudhamani rencontrait parfois des enfants affamés qui erraient parce que leurs parents étaient incapables de s'occuper d'eux. Elle les emmenait dans la maison familiale, les nourrissait et les lavait avant de les ramener chez eux.

Profitant de son grand coeur, ses frères et sœurs dérobaient souvent de la nourriture dans la cuisine et quand Damayanti le remarquait, ils montraient Soudhamani du doigt : « C'est elle ! » Soudhamani connaissait très bien les coupables, pourtant elle se taisait. Elle laissait Damayanti la punir pour les fautes des autres. Parfois, ses frères et sœurs avaient des remords et confessaient que la petite était innocente. Alors ses parents lui demandaient pourquoi elle avait accepté d'être punie, sans chercher à se défendre. Elle répondait : « Cela m'est égal de souffrir pour les autres, pour les erreurs qu'ils commettent dans leur ignorance. »

Elle rencontra un jour une famille très pauvre qui n'avait rien à manger et s'efforça désespérément de les aider. Mais elle ne trouva chez elle ni nourriture, ni argent. Comme elle sentait qu'elle ne pouvait absolument pas laisser cette famille mourir de faim, elle prit un bracelet en or qui appartenait à sa mère et le leur donna. Quand son père rentra à la maison et apprit ce qu'elle avait fait, il explosa de colère. Il attacha la fillette à un arbre et la fouetta jusqu'au sang.

Soudhamani ne leur en voulait pas de la traiter ainsi. Elle aimait tant Dieu qu'elle ne pouvait pas s'empêcher d'aimer aussi tous les êtres, même ceux qui la maltraitaient, car elle voyait en chacun d'eux une forme de Dieu. Tout ce qui lui arrivait était pour elle le fruit de la volonté divine, et même si c'était douloureux, elle l'acceptait. Au lieu de réagir par la colère face à la souffrance, elle se tournait de plus en plus vers son Bien-aimé. Elle aimait Krishna plus que tout au monde. Elle prit conscience que Dieu seul était son véritable ami, sa vraie Mère et son vrai Père.

Comme Soudhamani éprouvait le même amour pour tous, elle appelait toutes les femmes : « Mère », et tous les hommes « Père ». Cette habitude déplaisait à Sougounanandan, son père biologique, qui la grondait. La petite lui répondit un jour: « Je n'ai jamais vu ma véritable Mère ni mon véritable Père, c'est pourquoi je vois ma mère ou mon père en chacun. »

Les villageois aimaient beaucoup Soudhamani, mais elle ne se sentait proche de personne en particulier. Son meilleur ami était Krishna. Elle aimait aussi beaucoup les animaux. Quand elle regardait les vaches, les chèvres, les chiens, les oiseaux et les autres créatures, elle voyait son Bien-aimé Krishna rayonner en chacun d'eux. Elle leur parlait, en s'imaginant qu'ils étaient Krishna, et c'est ainsi qu'elle confiait au Seigneur tous ses problèmes. Parfois, quand une vache se couchait pour se reposer, Soudhamani s'allongeait à ses côtés. Elle se blottissait contre la vache et posait sa tête sur elle en imaginant qu'elle se reposait sur les genoux de Krishna.

Chapitre trois

Un travail de servante

Les années passaient et Soudhamani avait maintenant treize ans. Elle continuait à servir sa famille, en pensant jour et nuit à son Bien-aimé Krishna.

Comme il était difficile de trouver des domestiques dans la région, il fut décidé que Soudhamani travaillerait pour sa grand-mère, ses tantes et ses oncles qui avaient besoin d'une servante. La maison de sa grand-mère se trouvait à six kilomètres. Il y avait deux façons de s'y rendre : par bateau, ou bien en marchant le long de la plage. Chaque jour, Soudhamani faisait l'aller et retour en bateau. Assise dans la barque, elle prenait grand plaisir à regarder l'eau bleue où elle voyait Krishna lui sourire. Elle aimait chanter le son sacré « Om » sur la musique du moteur. Son coeur débordait alors d'une telle joie qu'elle entonnait bientôt une chanson. Et les autres passagers se réjouissaient beaucoup de l'écouter chanter. Damayanti cessa un jour de lui donner de l'argent pour le bateau et lui dit : « Tu n'as qu'à marcher ». La petite n'en fut pas du tout

contrariée. « Je n'ai aucune raison d'être malheureuse », pensa-t-elle. « Maintenant que je dois marcher, je vais pouvoir être seule et penser à Dieu pendant tout ce temps »,

Ainsi dès le lendemain, elle commença à marcher le long de la plage pour se rendre chez sa grand-mère. Chaque fois que Soudhamani écoutait l'océan, il lui semblait que les vagues chantaient le son sacré : « Om ». Et ce matin-là, alors qu'elle marchait sur la plage, elle entendit les vagues psalmodier doucement « Om... Om...Om...» et se sentit si proche de Dieu qu'elle en fut submergée de béatitude. Tout en marchant, elle se mit à chanter pour le Seigneur. Elle regarda l'océan et l'eau bleue lui rappela le teint bleuté de Krishna. Elle leva les yeux vers le ciel où flottaient de légers nuages bleu gris. Leur couleur aussi lui rappelait Krishna. Et, tandis qu'elle contemplait la mer et le ciel, le désir de Dieu se fit si intense qu'elle éclata en sanglots.

Elle était si totalement absorbée par la pensée de Krishna qu'elle en oublia complètement le monde autour d'elle. Elle regarda de nouveau l'étendue d'eau, mais elle ne vit rien d'autre que Krishna ! Et Il était magnifique ! Il se trouvait dans chaque vague de l'océan. Elle trébucha jusqu'au rivage et tenta d'embrasser les vagues, pensant qu'elle étreignait Krishna. Les vêtements trempés, elle continuait à marcher sur la plage, en appelant tout haut : « Krishna ! Oh Krishna ! » Encore et encore… Elle était si ivre d'amour qu'elle avait perdu conscience de ses actes. Elle avançait de plus en plus lentement et finit par s'effondrer sur le sable. Elle resta étendue là, sans savoir où elle se trouvait. Elle ne voyait plus ni le sable, ni la mer, ni le ciel. Il n'y avait plus que Krishna. Le Seigneur se trouvait partout, et elle baignait dans la béatitude. Elle avait oublié qu'elle était censée aller chez sa grand-mère. Au bout de plusieurs heures, quand elle revint finalement à elle, elle se leva et poursuivit son chemin. Il lui arrivait souvent d'être retardée ainsi.

Chez sa grand-mère, on lui donnait beaucoup de travail. Elle faisait de son mieux et travaillait aussi dur que possible. Sa grand-mère était très contente d'elle et la traitait gentiment. Un jour, la petite fut envoyée à un moulin pour faire décortiquer le riz. Le chemin traversait un village où vivaient de nombreuses familles pauvres qui manquaient de nourriture. Devant leur souffrance, Soudhamani eut le coeur brisé. En revenant du moulin, elle rencontra une famille qui n'avait pas mangé depuis trois jours. Sans hésiter un instant, elle leur donna un peu du riz qu'elle transportait.

Quand elle fut de retour à la maison, sa grand-mère remarqua qu'il manquait du riz et demanda des explications à la petite. Mais Soudhamani ne voulait pas dire à sa grand-mère qu'elle avait aidé quelqu'un, de peur que celle-ci n'aille faire une scène et humilier ces pauvres gens. Alors, pour les protéger, elle ne dit pas un mot. La grand-mère pensa que la petite avait dû vendre le riz pour s'acheter des bonbons. Et Soudhamani fut punie. Plusieurs fois par la suite, la grand-mère remarqua qu'il manquait du riz. Mais quelle que soit la dureté de la punition, la petite ne révéla jamais ce qu'elle avait fait.

Au grand bonheur de Soudhamani, sa grand-mère aussi aimait Krishna. Une grande image du Seigneur se trouvait dans une des pièces de la maison. Dès que Soudhamani avait un moment de libre, elle allait se mettre debout devant cette image. L'oncle de Soudhamani aimait beaucoup sa nièce et quand il la vit chanter debout devant l'image de Krishna, il lui apporta un tabouret pour qu'elle puisse s'asseoir. Mais la petite refusa. Elle montra du doigt l'image et dit : « Regarde, mon oncle, Krishna est debout. Comment oserais-je m'asseoir devant Lui » ? A ses yeux, l'image n'était pas faite de papier et de peinture. C'était le véritable Krishna, en chair et en os, qui se tenait devant elle.

Un travail de servante

Les voisins de la grand-mère étaient charmés par les chansons de Soudhamani. Ils venaient souvent en visite dans le seul but de l'écouter chanter. Leur coeur se remplissait de dévotion quand ils entendaient ses compositions. Peu à peu, ils apprirent les chants et les chantèrent chez eux, dans leur chambre de prière.

Les saisons se succédaient. L'année suivante, on envoya Soudhamani travailler chez sa tante. Comme d'habitude, on lui donna un travail énorme. Ses cousins considéraient comme honteux de s'adonner à la moindre tâche domestique. Les plus âgés ne croyaient pas en Dieu et ne perdaient pas une occasion de se moquer sans pitié de son amour pour Krishna. Ils cherchaient à l'empêcher de réciter le nom divin. Quand ils y parvenaient, elle cachait sa tête dans ses mains et éclatait en sanglots. Ils ne pouvaient l'empêcher d'aimer le Seigneur.

On avait aussi confié à Soudhamani le soin d'emmener ses cousins à l'école de l'autre côté de la lagune. Les enfants s'asseyaient dans la barque étroite, tandis que Soudhamani se tenait debout à la poupe et propulsait le bateau à l'aide d'un long bâton de bambou. Mais elle pouvait à tout moment glisser dans un état de totale absorption en Dieu, et se retrouver dans des situations dangereuses.

Un jour qu'elle venait juste de terminer de décortiquer le riz et qu'elle avait un moment libre, elle monta dans une petite barque et commença à ramer le long de la lagune, tout en contemplant avec joie la beauté naturelle du paysage. Autour du bateau, les vaguelettes étincelaient d'une pure lumière argentée, et le ciel était couvert de nombreux nuages bleu gris. Le spectacle des nuages la remplissait de joie car, comme d'habitude, leur couleur lui rappelait son doux Krishna. Soudain, son esprit s'absorba totalement en Lui. Le ciel tout entier était rempli de Krishna. Elle oublia complètement qu'elle était assise dans le bateau et perdit conscience à la fois du monde autour d'elle et d'elle-même. Tout son être était baigné d'une joie et d'une félicité indescriptibles. Les rames lui tombèrent des mains. Elle restait assise, figée comme une statue, perdue dans un monde de béatitude, tandis que le bateau dérivait, emporté par le courant.

C'est alors que surgit un grand bateau à moteur qui se déplaçait à grande vitesse sur la lagune. Chargé de passagers, il se dirigeait tout droit sur la barque. Le capitaine ne l'avait pas vue ! Cependant, quelques passagers l'avaient remarquée. Ils se mirent à crier pour attirer son attention. Mais Soudhamani était tout à son bonheur, ravie dans le monde glorieux de Krishna. Elle n'entendait rien, ne voyait rien et n'avait aucune idée de ce qui se passait. Un groupe qui se trouvait sur la berge tenta aussi de la prévenir en l'appelant et en lançant des pierres dans l'eau près de la barque. Mais le Seigneur protégeait celle dont les pensées étaient si totalement concentrées sur Lui. Au moment où le bateau allait entrer en collision avec la barque et la réduire en miettes, Soudhamani reprit soudain conscience de ce qui l'entourait. Elle perçut qu'elle était en danger. A la dernière seconde, elle réussit à écarter sa barque et le grand bateau ne la toucha pas.

Elle travailla un an chez sa tante, puis on l'envoya servir le frère aîné de sa mère et sa femme. Au début, ils étaient très contents de Soudhamani parce qu'elle travaillait sans relâche et accomplissait tout à la perfection. Mais non loin de là vivaient plusieurs familles musulmanes qui n'avaient pas de quoi nourrir leurs enfants. Comme elle ne supportait pas de les voir souffrir, Soudhamani prenait chez son oncle le surplus de nourriture, de vêtements et tout ce qu'elle pouvait y trouver pour le leur distribuer secrètement. Quand son oncle et sa tante découvrirent le pot aux roses, elle fut sévèrement battue. Dès lors, ils cessèrent de l'aimer et la traitèrent avec une grande cruauté. Finalement, Soudhamani décida qu'elle en avait assez ; elle les quitta et rentra chez elle.

Un travail de servante

Les autres membres de la famille apprirent bientôt que Soudhamani avait l'habitude de donner vêtements et nourriture aux pauvres. Nombre d'entre eux avaient peur qu'elle ne vienne chez eux et distribue aussi leurs biens. Dès lors, la parentèle ne voulut plus avoir affaire à elle. Ils lui interdirent d'entrer dans leur maison, si bien qu'elle fut plus obligée de travailler hors de chez elle.

Chapitre quatre

Désir intense pour Krishna

Soudhamani avait seize ans quand elle retourna chez elle. Elle assuma de nouveau la totalité des tâches domestiques tout en chantant pour le Seigneur et en répétant continuellement Son Nom. Elle méditait aussi dès qu'elle avait un instant de libre. Pendant qu'elle travaillait, son visage ruisselait souvent de larmes qui jaillissaient de son intense dévotion et de son désir de Dieu. Profondément gênée par la mauvaise réputation de sa fille au sein de la famille, Damayanti la traitait avec encore plus de rigueur qu'auparavant, même quand elle faisait son travail à la perfection.

Contrairement à ses frères et sœurs qui possédaient une garde robe bien fournie, Soudhamani n'avait que très peu de vêtements, car il était rare qu'on lui donne la moindre chose. Quelqu'un lui offrit un jour un chemisier à carreaux qu'elle était tout heureuse de porter. Mais quand son frère Soubhagan vit ce chemisier neuf, il lui ordonna immédiatement de l'enlever, le prit et le brûla sous ses yeux en criant : « Tu mets ces habits voyants uniquement pour te faire remarquer ! »

Une autre fois, Damayanti la réprimanda d'avoir emprunté la blouse jaune de sa sœur. Soudhamani décida que dorénavant, elle ne porterait plus que les habits que Dieu lui donnerait : les vêtements usagés, jetés par les autres. Les habits qu'elle trouvait étaient déchirés et troués. Elle parvenait tant bien que mal à les raccommoder avec les fils arrachés d'une vieille corde à linge.

Soubhagan interdisait à Soudhamani toute relation avec les filles de son âge, car il redoutait la mauvaise influence qu'elles pourraient avoir sur elle. Quand elle allait chercher de l'eau potable au puits du village, elle n'osait pas parler aux autres filles, de peur d'être battue à son retour si Soubhagan venait à l'apprendre. Et, bien qu'elle fût adolescente, on ne l'autorisait à jouer qu'avec les petits enfants. Mais Soudhamani n'était pas mécontente de cette situation car elle adorait les enfants ; quand elle n'était pas avec eux, elle préférait rester seule avec le Seigneur.

D'ailleurs, comme elle était très affectueuse, elle était toujours entourée d'enfants, attirés par elle comme par un aimant. Dès qu'ils le pouvaient, ils accouraient pour jouer avec elle et la suivaient joyeusement quand elle partait ramasser des feuilles pour les chèvres. Lorsqu'elle montait dans un arbre et s'asseyait sur une branche pour prendre les feuilles, elle imitait, sans même y penser, le son de la flûte de Krishna. Elle avait le sentiment d'être Krishna, et que tous les garçonnets et fillettes étaient les gopis et gopas, les vachers et les laitières de Vrindavan. Une fois son travail terminé, Soudhamani aimait jouer avec ses petits amis. Ils s'amusaient à représenter des scènes de l'enfance de Krishna, et chantaient pour le Seigneur. Entre elle et les enfants s'était établi un lien d'amour très fort. Ils étaient si heureux en sa présence qu'ils n'aimaient pas s'éloigner d'elle.

Soudhamani remarqua que quelques-unes de ses voisines gagnaient leur vie comme couturières. L'idée lui vint que, si elle apprenait à coudre, elle pourrait gagner assez d'argent pour aider les pauvres ; elle décida alors de prendre des cours de couture. D'abord, ses parents ne voulurent pas en entendre parler, mais elle refusa de renoncer à son projet. Elle insista jusqu'à ce qu'ils finissent par céder. Alors, quelques heures par jour, elle se rendait à l'école de couture organisée dans une paroisse voisine. Les cours avaient lieu dans un petit atelier, à côté de l'église. Pendant que les autres filles de la classe bavardaient et parlaient de garçons, de célébrités du cinéma et de la dernière mode, Soudhamani cousait dans son coin en chantant pour son Bien-aimé Krishna. Elle chantait avec tant de cœur que souvent, des larmes tombaient sur la machine à coudre. Le prêtre chrétien était profondément touché par la dévotion de Soudhamani pour le Seigneur, et il s'attacha beaucoup à elle.

Soudhamani emportait parfois son ouvrage dehors pour aller s'asseoir dans le cimetière. C'était un endroit si tranquille et si paisible ! Elle parlait aux défunts, leur demandait s'ils étaient heureux, et leur chantait des hymnes religieux pour qu'ils reposent en paix. De temps en temps, elle entrait dans l'église et regardait la statue de Jésus sur la croix. Elle était profondément émue par cette statue. Un jour qu'elle la contemplait, elle perçut que le Christ et Krishna ne faisaient qu'un, et elle glissa dans un état de samadhi. Quand elle reprit conscience de ce qui l'entourait, elle pensa à l'immense sacrifice et à l'amour extraordinaire de Jésus-Christ et de Krishna. Elle fondit en larmes en songeant : « Ils ont tout sacrifié par amour pour l'humanité ! Les gens se sont opposés à eux et pourtant, ils ont continué à aimer ceux qui les haïssaient. S'ils ont pu le faire, je le peux sûrement aussi ».

Bonne élève, Soudhamani apprit rapidement à coudre. Quand elle quitta l'atelier de couture, le prêtre fut si triste qu'il se mit à pleurer. A Satish, le petit frère de Soudhamani, il déclara : « Plus tard, tu verras, Soudhamani deviendra célèbre » Très vite elle se mit à coudre pour les villageois. Elle utilisait le peu d'argent qu'elle gagnait pour aider les pauvres.

Soudhamani sortait parfois la nuit pour regarder la lune et les étoiles. Elle leur demandait : « Ô mes amies, avez-vous vu mon Krishna ? Douce brise, as-tu caressé mon Krishna ? Ô lune silencieuse, ô étoiles scintillantes, cherchez-vous, vous aussi, Krishna ? Si jamais vous Le trouvez, dites-Lui, s'il vous plaît, que je L'attends. Je veux Le voir » ! Jour et nuit, elle méditait sur le Seigneur ; elle chantait, Lui adressait des prières et répétait Son nom. Sa pensée ne quittait jamais, ne fût-ce qu'un instant, son Bien-aimé.

Enfin, Krishna lui apparut un jour. D'abord sous la forme espiègle et adorable de Kanna, c'est-à-dire du bébé Krishna. Elle Le vit ensuite un peu plus âgé, en tant que Gopala, le pâtre divin, une plume de paon dans les cheveux et une flûte à la main. Puis, elle eut la vision de Krishna, le glorieux Seigneur de son cœur. Soudhamani était ivre de joie. Elle s'enferma dans la chambre de prière et dansa pendant des heures dans la douce béatitude de la Conscience de Dieu.

Soudhamani eut ensuite à maintes reprises de merveilleuses visions de Krishna. Chaque fois qu'elle se promenait, elle voyait le Seigneur marcher à côté d'elle, et Il lui apparaissait souvent tard, pendant la nuit. Il la taquinait à sa façon tendre et malicieuse, et la faisait rire. Le divin joueur de flûte lui prenait les mains et dansait avec elle sur un tapis de pétales de fleurs parfumées. Il l'emportait plus haut que les nuages et lui montrait différents mondes et beaucoup de merveilles.

Aux yeux de Soudhamani, la Nature tout entière était Krishna. Quand il pleuvait, les gouttes semblaient émettre le son « Om » et elle chantait avec bonheur sur leur musique, car elle voyait Krishna en chacune d'elles. Elle ne pouvait se résoudre à

Désir intense pour Krishna

cueillir la moindre fleur, parce que celle-ci était Krishna, et qu'elle ne voulait pas Le blesser. Quand le vent soufflait, elle sentait que c'était Krishna qui la caressait. Quand elle marchait, chaque grain de sable sur le sol était Krishna. Mais elle sentait aussi de plus en plus qu'il n'y avait pas de différence entre elle et Krishna.

Il est dit que l'on devient ce à quoi l'on pense. L'amour et le désir de Soudhamani pour Krishna étaient si intenses, elle pensait tant à Lui, qu'elle devint peu à peu Krishna. Elle se fondit en Lui. Mais au début, ce fut à l'insu de tout le monde. Extérieurement, elle était toujours la même petite villageoise, mince, avec de longs cheveux noirs ondulés, encadrant un joli visage aux yeux extraordinairement brillants et rayonnants d'amour. Intérieurement, elle ne faisait plus qu'un avec le Seigneur.

Chapitre cinq

Le Krishna Bhava

Quand on demanda plus tard à Soudhamani comment elle avait pu atteindre l'état de réalisation du Soi à un si jeune âge, elle répondit : « Toute petite déjà, j'aimais le nom du Seigneur de tout mon cœur. Je l'aimais tant que je ne cessais jamais de répéter « Krishna » à chaque respiration. Où que je sois, quoi que je fasse, je pensais toujours au Seigneur. Le fait de penser à Dieu continuellement aide énormément un chercheur qui souhaite atteindre l'état de réalisation. ».

Désormais, Soudhamani était si proche de Krishna qu'il lui suffisait d'entendre Son nom pour se trouver immédiatement absorbée dans l'union qu'elle vivait avec Lui. Elle oubliait tout le reste. Elle passait le plus de temps possible seule pour savourer son unité avec le Seigneur. Krishna lui confia : « Des milliers et des milliers de gens souffrent en ce monde. Toi et moi sommes Un. A travers toi, je vais beaucoup travailler. » Peu de temps après cette déclaration, Soudhamani révéla au monde son état d'union avec Krishna. Et voici comment :

Un jour de septembre 1975, en fin d'après-midi, Soudhamani avait fini de ramasser de l'herbe pour les vaches, et rentrait à la maison en compagnie de son frère Satish. Elle portait un grand ballot d'herbe sur la tête. Elle était comme d'habitude reliée intérieurement au divin et chantait en marchant. Comme ils passaient devant une maison voisine, Soudhamani s'arrêta brusquement. Les voisins étaient assis dans la cour en train de lire, comme ils le faisaient chaque mois, le Srimad Bhagavatam, un livre qui raconte la vie du Seigneur Krishna. Ils venaient de finir le récit de la naissance de Krishna et chantaient un hymne à Sa gloire.

Soudhamani se tenait debout, absolument immobile, et écoutait très attentivement le chant. Tout d'un coup, son humeur changea. La botte d'herbe qu'elle portait tomba sur le sol. Elle courut dans la cour et resta debout au milieu de tous ces gens. Elle avait les bras levés et ses mains formaient spontanément des moudras. Ivre de béatitude divine, elle ne pouvait cacher plus longtemps son état d'union avec Krishna. Soudain, au grand émerveillement des témoins, on remarqua que son visage s'était transformé. C'était le visage rayonnant et glorieux de Krishna qu'ils voyaient maintenant. Le Seigneur Lui-même était venu parmi eux. Soudhamani était en Krishna Bhava, la manifestation divine de Krishna.

Soudhamani demanda qu'on aille chercher de l'eau. Elle toucha l'eau pour la bénir et en aspergea l'assemblée.

La nouvelle de la transformation de Soudhamani se répandit rapidement dans le village et bientôt, il y eut foule dans la cour. Mais certains étaient sceptiques. Ils pensaient que Soudhamani jouait la comédie. « Si tu es réellement Krishna, tu devrais le prouver en accomplissant un miracle. Sinon comment te croire ? »

Le premier mouvement de Soudhamani fut de refuser. « Faire des miracles pour que vous croyiez en moi ne m'intéresse pas. Ce n'est pas cela que je souhaite manifester. Je veux inciter les gens à aimer Dieu, éveiller en eux le désir de Le réaliser. Dans la vie spirituelle, le plus important, ce ne sont pas les miracles. Et si je fais un miracle aujourd'hui, vous en exigerez un autre demain, puis encore un après-demain. Ce sera sans fin. Je ne suis pas venue dans le monde pour créer des désirs, mais pour les détruire. Le véritable trésor est à l'intérieur de vous. Alors pourquoi souhaitez-vous une imitation ? Votre véritable Soi est en vous, mais votre ignorance le cache. »

Mais les sceptiques ne cédaient pas. Ils insistaient : « On te promet qu'on ne te réclamera plus d'autre miracle. » Finalement, Soudhamani accepta : « Je vais en faire un, un seul, pour dissiper vos doutes. Mais ne revenez jamais me voir avec ce genre de requête. A tous ceux qui doutent, je donne rendez-vous ici lors de la prochaine lecture du Srimad Bhagavatam. »

La semaine suivante, lorsque les voisins organisèrent la lecture du Srimad Bhagavatam, une grande foule se rassembla dans leur cour ; il y avait tant de monde que certains durent rester debout à l'extérieur de l'enclos. Croyants et sceptiques, tous étaient au rendez-vous. Quelques sceptiques grimpèrent même aux arbres et sur les toits adjacents. De là-haut, ils pouvaient voir tout ce qui se passait dans la cour. Ils avaient l'intention de prouver que Soudhamani jouait la comédie et qu'elle n'était pas sainte pour deux sous. Ils pensaient la tourner en dérision.

Soudhamani manifesta de nouveau le Krishna Bhava. Elle demanda ensuite à l'un de ses détracteurs les plus convaincus de lui apporter une cruche d'eau. Comme elle l'avait fait la fois précédente, elle bénit l'eau et en aspergea la foule, puis demanda à l'homme qui avait apporté la cruche, de tremper les doigts dans l'eau qui restait au fond. Il obéit et vit que l'eau s'était transformée en lait ! Soudhamani donna à chacun un peu de ce lait comme prasad, un don sacré du Seigneur.

Puis elle appela un autre de ses critiques et lui demanda de tremper les doigts dans la cruche. Merveille des merveilles ! Le reste du lait s'était transformé en pudding sucré, appelé panchamritam. Alors, tous comprirent enfin que c'était bien le Seigneur Krishna qui se tenait devant eux. Et ils se mirent à crier : « Seigneur ! Seigneur ! » Le panchamritam fut distribué à plus de mille personnes, et, quand tout le monde fut servi, la cruche était encore pleine. L'odeur sucrée leur resta sur les mains plusieurs jours après le miracle.

Cet événement eut un grand impact sur beaucoup de villageois. Convaincus désormais que Soudhamani n'était pas une personne ordinaire, ils comprirent qu'elle était un mahatma, une grande âme.

Des années plus tard, Soudhamani parla du début du Krishna Bhava en ces termes : « J'avais la faculté de tout savoir de chacun. J'étais pleinement consciente d'être Krishna, non seulement pendant le Krishna Bhava, mais aussi le reste du temps. Quand je voyais les gens, je percevais leur souffrance et j'étais très triste pour eux. Je connaissais leurs problèmes avant qu'ils ne m'en parlent ».

Désormais, Soudhamani apparut fréquemment en Krishna Bhava au bord de la mer. Au début, quand Soudhamani était en Krishna Bhava, elle s'allongeait sur la branche d'un banyan qui poussait près de la plage. Cette branche était fine et fragile, mais jamais elle ne cassa car Soudhamani pouvait se faire aussi légère qu'une plume.

Cet endroit sacré devint comme un autre Vrindavan, le foyer du Seigneur Krishna. Durant chaque Krishna Bhava, tous les dévots s'asseyaient en face de Soudhamani et chantaient des hymnes à Krishna, tandis qu'elle bénissait ceux qui venaient à elle. L'atmosphère était remplie de joie divine.

La nouvelle du merveilleux Krishna Bhava se répandit rapidement. Les gens venaient de très loin, de tout le Kérala et d'autres régions de l'Inde, pour voir Soudhamani. Beaucoup venaient demander de l'aide et lui confier leur souffrance : la maladie, la misère, ou d'autres malheurs encore. Mais quelles que soient leurs difficultés, les gens s'apercevaient que leurs problèmes disparaissaient mystérieusement quand ils venaient voir Soudhamani. Tous ces visiteurs lui rendaient un culte et l'adoraient comme une déesse, alors qu'elle-même était si humble qu'il ne lui venait pas un seul instant l'idée qu'elle était exceptionnelle.

Les jours où il n'y avait pas de Krishna Bhava, Soudhamani continuait à travailler chez elle et à prendre soin de sa famille. Mais il lui était de plus en plus difficile de travailler parce qu'elle était souvent ivre de béatitude.

Ses parents décidèrent qu'il était temps de la marier. Elle refusa net. Ce n'était absolument pas dans ses intentions. Plusieurs fois, ses parents essayèrent de la présenter à un futur parti, mais ce fut toujours un échec. S'ils invitaient un éventuel fiancé, elle faisait semblant d'être folle, criait, poussait des hurlements, et faisait tout pour l'effrayer, jusqu'à ce que le jeune homme et sa famille, complètement paniqués, battent en retraite de manière précipitée. Finalement, les parents consultèrent un astrologue qui ne savait rien de Soudhamani. Il étudia son horoscope et leur expliqua que leur fille était une âme divine et qu'il ne fallait pas qu'ils songent à la marier. Dès lors, ils renoncèrent à lui trouver un époux.

Chapitre six

Les miracles de Soudhamani

Un jour, alors qu'une grande foule s'était rassemblée autour du banyan pour le Krishna Bhava, il se mit brusquement à pleuvoir. Il n'y avait aucun abri pour se protéger de la violente averse, et les dévots restèrent près de l'arbre, s'attendant à être complètement trempés. Mais quelle ne fut pas leur surprise, lorsqu'ils découvrirent que, malgré la pluie qui tombait à verse tout autour d'eux, pas une seule goutte ne les atteignait !

Sur la plage vivait un cobra qui effrayait les villageois ; ils avaient peur de marcher sur la plage après le coucher du soleil. Quelques-uns d'entre eux vinrent trouver Soudhamani pendant un Krishna Bhava pour demander son aide.

Un soir, durant le Krishna Bhava, le cobra apparut soudain à côté du banyan. Les gens s'enfuirent et restèrent prudemment à distance. Mais Soudhamani ne manifesta aucune peur. Elle attrapa le cobra, le tint devant son visage et se mit à toucher de sa propre langue celle du serpent, qui se tordait comme une petite flamme. Puis elle le laissa partir. Il s'éloigna et les villageois ne le revirent plus jamais.

Une fois, il arriva que les pêcheurs – les enfants de Mère Océan, comme on les appelait – ne fissent aucune prise pendant plusieurs jours ; ils étaient affamés. Ils allèrent trouver Soudhamani pendant le Krishna Bhava, pour lui confier leur souffrance. Elle eut pitié d'eux. Quelques jours plus tard, elle dansa sur la plage dans un état de béatitude. A la grande joie des pêcheurs, un important banc de poissons s'approcha du rivage. Et jamais dans l'histoire du village, il n'y avait eu de prise plus belle que celle-là. Par trois fois, Soudhamani attira le poisson vers le rivage à la demande des pêcheurs. Puis elle cessa de leur porter secours de cette façon : Elle voulait qu'ils prient par dévotion, et non pour demander du poisson.

Et ses parents, que pensaient-ils de tout cela ? Ils autorisaient leur fille à poursuivre le Krishna Bhava, parce qu'ils croyaient que c'était vraiment Krishna qui, à ce moment-là, venait s'incarner en elle. Mais pour eux, cela ne se produisait que pendant le Krishna Bhava, et le reste du temps, Soudhamani n'était qu'une fille un peu folle. Ils ne pouvaient pas imaginer qu'elle était constamment unie à Krishna, ou qu'elle était une grande âme.

Sougounanandan n'appréciait pas que le Krishna Bhava se déroulât sur la plage, au bord de la route. Il trouvait que ce n'était pas un endroit convenable pour sa fille. Une nuit, pendant le Krishna Bhava, alors qu'il était très angoissé par cette situation, Soudhamani suggéra : « En ce cas, trouve un autre endroit où je puisse recevoir mes dévots. S'il n'y a rien d'autre, l'étable conviendra. » L'idée lui parut bonne et il approuva avec joie.

Il réaménagea donc l'étable. Après avoir cimenté le sol, il construisit au milieu un muret qui s'élevait à mi-hauteur. D'un côté vivaient les vaches, de l'autre on installa un petit temple pour Soudhamani. Debout dans le temple, on voyait les vaches de

Les miracles de Soudhamani

l'autre côté du muret. Pour embellir le petit temple, on recouvrit les murs de palmes tressées.

Dès lors, Soudhamani donna le Krishna Bhava dans ce temple. Les dévots lui apportèrent une très belle couronne en argent avec une plume de paon : c'était la couronne de Krishna, ils voulaient qu'elle la porte. Pendant sa manifestation divine, Soudhamani se tenait debout à l'intérieur du temple, un pied posé sur un petit tabouret, tandis que les dévots entraient chacun à leur tour pour qu'elle les bénisse. Une puissance divine illuminait son visage. Elle était le portrait de l'espiègle Krishna, et ses yeux pétillaient, irrésistibles, à la fois coquins et tendres. Elle plaisantait souvent avec les dévots, les faisait rire ; tous éprouvaient en sa présence une grande joie. Tandis qu'elle donnait, debout, le darshan[3] à tout le monde, elle tendait fréquemment le bras par-dessus le muret et posait la main sur le dos chaud d'une des vaches.

Soubhagan haïssait le nouveau temple. Il ne supportait pas l'étrange Krishna Bhava de sa sœur, et il était furieux de voir les gens l'adorer.

Dans le petit temple se trouvait une lampe à huile[4] qui était toujours allumée pendant le Krishna Bhava. Il la brisa et vida toute la réserve d'huile. Juste avant le Krishna Bhava, quelques dévots se rendirent au temple et découvrirent la lampe cassée, gisant à terre. C'était la seule lampe dont ils disposaient. Quand Soudhamani entra dans le temple et vit à quel point ils étaient bouleversés, elle leur demanda d'aller sur la plage chercher quelques coquillages en guise de lampes. Mais il n'y avait plus d'huile : comment les allumer ? Soudhamani demanda aux dévots de remplir les coquillages d'eau, puis d'y placer des mèches et de les allumer.

---

[3] Le darshan est ou bien la vision d'une personne sainte ou bien le fait de rester en la présence d'un saint.
[4] La tradition hindoue veut que dans les temples ou les maisons, on garde une lampe allumée sur l'autel pendant les pratiques spirituelles. Cette pratique symbolise la dispersion des ténèbres.

Et - ô miracle ! - les « lampes à huile », remplies d'eau, se mirent à briller d'un vif éclat et brûlèrent toute la nuit !

Quelques jours plus tard, un dévot qui ignorait l'incident, apporta deux lampes neuves qu'il donna à Soudhamani. Il expliqua qu'il avait fait un rêve dans lequel on lui disait d'acheter deux lampes à huile et de les lui offrir.

Les nuits où il n'y avait pas de Krishna Bhava, Soudhamani s'asseyait dehors pour méditer sous les étoiles. Depuis sa plus tendre enfance, elle avait toujours aimé le calme de la nuit. Elle pouvait alors, à l'insu de tous, savourer dans la solitude son état divin, méditer, et danser de béatitude.

Mais certains villageois qui ne croyaient pas en Dieu lui étaient hostiles. Son père avait peur qu'ils ne viennent la nuit pour lui faire du mal lorsqu'elle était seule dehors et méditait. Il se faisait de plus en plus de souci et finalement, il lui fit la remarque : « Ma fille, tu devrais rentrer dormir à la maison, la nuit ! » Mais Soudhamani répondit : « Père, je n'ai pas de maison. Je préfère dormir dehors. Dieu est partout. Il est en moi et tout autour de moi. Alors, ne t'inquiète pas. Si quelqu'un essaie de me faire du mal, Dieu me protègera.»

Chapitre sept

L'enfant de la Mère Divine

Un jour, Soudhamani était assise toute seule chez elle. Elle avait les yeux ouverts mais ne regardait rien en particulier dans la pièce. Elle méditait sur la vérité suprême quand soudain, une sphère brillante de lumière rouge surgit devant elle. Sa couleur était celle du plus magnifique des couchers de soleil, mais en beaucoup plus brillant. Bien qu'étincelante, la lumière était aussi douce et tamisée que celle de la lune. Sur le fond de cette lumière merveilleuse, la Mère divine apparut, portant sur la tête une couronne étincelante. Sa beauté dépassait tout ce que Soudhamani avait jamais vu. Elle regarda Soudhamani avec un amour infini et lui sourit. Puis, aussi soudainement qu'elle était venue, elle disparut. Cette vision merveilleuse enthousiasma Soudhamani : « Ô Krishna, mon Amma[5] est venue ! S'il te plaît, emmène-moi vers elle ! Je voudrais tant la serrer dans mes bras ! »

---

[5] Amma signifie mère ou maman en Malayalam

A cet instant, Krishna apparut. Il la prit dans ses bras et l'emporta dans différents mondes où elle vit des choses étranges et extraordinaires. Mais nulle part elle ne voyait sa Mère divine et elle appelait comme un petit enfant : « Je veux voir mon Amma ! Où est mon Amma ? » Et comme elle ne la trouvait pas, elle se mit à pleurer.

Après cette expérience, Soudhamani demeura en extase un long moment. Elle éprouvait le désir intense de revoir la Mère Divine. Elle voulait contempler le visage magnifique de sa Mère et Son sourire rayonnant. L'amour de la Mère divine était indescriptible et il émanait d'Elle une lumière si resplendissante que Soudhamani en resta ébahie. Dès lors, elle ne put penser à rien d'autre qu'à sa Mère et son coeur ne battit que pour La voir.

Soudhamani continuait à donner le Krishna Bhava dans le petit temple et passait le reste du temps à méditer sur la Mère Divine. Jour et nuit, son coeur se consumait de nostalgie. Jusqu'alors, elle avait continué à assumer les travaux domestiques entre chaque Krishna Bhava. Mais maintenant, elle était si absorbée dans la pensée de la Mère Divine qu'elle ne pouvait plus mener à bien les tâches ordinaires. C'est à peine si elle arrivait à s'occuper d'elle. Il lui était même impossible de manger. Pendant plusieurs mois, elle ne vécut que de feuilles de basilic[6] et d'eau.

Si Soudhamani percevait auparavant partout la présence de Krishna, tout ce qui l'entourait maintenant était la Mère divine. La terre entière était sa Mère, et le vent, le souffle de sa Mère. Elle errait çà et là, parlant aux arbres, aux fleurs, aux oiseaux et aux animaux. Elle se couchait et se roulait sur le sol comme un petit enfant en appelant : « Amma ! Amma ! Où es-tu ? Mais tu es partout, Amma, alors où n'es-tu pas ? »

Un jour, alors que Soudhamani venait de finir sa méditation dans le temple, elle fut soudain submergée par le sentiment que

---

[6] Le basilic est une plante sacrée en Inde.

toute la Nature était sa Mère et qu'elle-même était un bébé minuscule, l'enfant de la Mère divine. Elle sortit du temple en marchant à quatre pattes comme un bébé jusqu'à un cocotier. Assise près de l'arbre, elle se mit à pleurer : « Amma ! Amma ! Pourquoi Te caches-Tu ? Je sais que Tu Te caches dans cet arbre. Tu es dans les fleurs et les plantes, dans les oiseaux, les animaux. Le monde entier n'est que Toi. Oh Amma, je sais que Tu Te caches dans les vagues de l'océan et dans le vent ! Mais Amma, je n'arrive pas à te trouver ! » Elle sentit tout à coup que sa Mère bien-aimée était là, près d'elle. Elle se recroquevilla contre elle et la serra dans ses bras. Soudhamani ignorait qu'elle étreignait le cocotier.

Elle s'allongeait parfois sur le sol et regardait le ciel. Désormais les nuages sombres de l'orage ne lui rappelaient plus Krishna, mais les longs cheveux bouclés de sa Mère qui ondulaient dans le ciel. Et par beau temps, le soleil était la lumière rayonnante et magnifique de sa Mère. Tout, dans le ciel, lui faisait penser à sa Mère divine. Parfois, la nuit, allongée par terre, elle contemplait le clair de lune et le vaste ciel parsemé d'étoiles scintillantes et elle avait le sentiment que le ciel entier était sa Mère. Quand elle s'allongeait, jamais elle ne dormait : le visage ruisselant de larmes, elle priait et pleurait pour voir sa Mère. Son plus ardent désir était de se fondre dans sa Mère, de se dissoudre en elle comme une goutte de pluie tombe dans l'océan et ne fait plus qu'un avec lui.

Soudhamani avait un mantra[7] qu'elle répétait sans arrêt. Aucun maître spirituel ne le lui avait donné, elle l'avait inventé elle-même. C'était : « Amma, Amma, Amma... » Elle ne faisait jamais un pas sans dire son mantra. Si jamais elle oubliait, elle faisait immédiatement un pas en arrière pour dire « Amma » et

---

[7] Un mantra est ou bien le nom de Dieu ou bien quelques mots sacrés que l'on répète sans cesse, jour après jour, quelle que soit l'activité dans laquelle on est engagé. A force de répéter le mantra, le pouvoir spirituel qui est en soi se réveille et l'on sent de plus en plus clairement la présence de Dieu en soi.

alors seulement, elle s'autorisait à poursuivre son chemin. Elle allait parfois nager dans la lagune. Mais avant de plonger, elle décidait de répéter un certain nombre de fois son mantra avant de remonter. Si un instant s'écoulait sans qu'elle se souvienne de la Mère divine, elle en éprouvait un profond chagrin et pensait avec regret : « Amma j'ai gaspillé tout ce temps ! » Pour rattraper le temps perdu, elle méditait plus longtemps ce jour-là. S'il lui arrivait de manquer une méditation, elle passait toute la nuit dehors, à marcher de long en large en répétant son mantra et en priant : « Amma, à quoi bon vivre si je ne peux pas méditer sur Toi ? Ô Amma, donne-moi la force de continuer ! Laisse-moi Te voir ! Fais que je me fonde en Toi ! »

Si quelqu'un venait lui parler, elle imaginait que c'était la Mère divine qui se tenait devant elle. La personne continuait à parler jusqu'à ce qu'elle réalise que Soudhamani lui avait mystérieusement faussé compagnie en glissant dans un autre monde.

Souvent, le matin, elle ne parvenait pas à se brosser les dents. Ses pensées s'envolaient soudain vers la Mère divine, et elle oubliait complètement ce qu'elle était en train de faire. Il pouvait s'écouler des heures avant qu'elle ne reprenne conscience de ce qui l'entourait.

Il lui était encore plus difficile de prendre une douche. Quand elle entrait dans la salle de bains, elle s'apercevait qu'elle avait oublié sa serviette. Elle allait la chercher, pour constater ensuite qu'elle avait oublié autre chose : le savon par exemple. Alors elle pensait : « Amma, je perds tout ce temps à essayer de prendre une douche ! Fais que je pense plutôt toujours à Toi. Je suis si triste si je T'oublie, même une seconde! » Alors elle décidait de ne pas se doucher, s'asseyait par terre dans la salle de bains, et entrait rapidement dans une profonde méditation. Des heures plus tard, un membre de la famille la trouvait assise là. Pour la tirer de sa méditation, on lui versait un seau d'eau froide sur la tête. Voilà comment elle finissait par prendre sa douche ! Si cela ne suffisait pas, on la secouait comme un prunier. Parfois, il fallait même la porter hors de la salle de bains.

Soudhamani aimait par-dessus tout aller sur la plage au milieu de la nuit et méditer au bord de l'océan, quand tout était tranquille et paisible. Les vagues, en se brisant sur le rivage, chantaient leur chanson sans fin : « Om... Om... Om... » Le ciel bleu sombre brillait de millions d'étoiles scintillantes. Tout lui rappelait la Mère divine. En un instant, elle glissait dans un état de profonde méditation, reposant, enfin comblée, sur les genoux de la Mère magnifique de l'univers.

Ces nuits-là, si son père la cherchait, il s'inquiétait de ne la trouver nulle part. C'est généralement sur la plage qu'il finissait par la découvrir, assise en méditation, immobile comme un roc.

Incapable de la comprendre, la famille de Soudhamani continuait à voir en elle une fille un peu dérangée, alors qu'elle était dans un état de suprême dévotion. Elle désirait désespérément voir la Mère divine, comme une personne qu'on maintient sous l'eau cherche à respirer. Elle aimait la Mère divine plus que sa propre vie.

Soubhagan continuait à maltraiter Soudhamani. Un jour qu'elle rentrait chez elle, il l'arrêta à la porte et cria : « Je te défends d'entrer ! Tu rentreras quand tu auras arrêté tes danses et tes chansons qui nous font honte ». Comme Soudhamani était persuadée que tout ce qui lui arrivait était la volonté de la Mère divine, elle pensa que cela aussi devait être Sa volonté. Alors elle quitta la maison sans dire un mot et s'assit dans la cour. Mais Soubhagan lui ordonna de ne pas rester là non plus. Alors, elle ramassa une poignée de sable et la donna à son frère en demandant : « Si cela t'appartient, pourrais-tu me dire combien de grains de sable il y a là-dedans ? » Dès lors, elle vécut seule, avec le ciel pour seul toit.

Jour et nuit, elle se languissait de la Mère divine. Rien d'autre ne comptait pour elle. Comme un petit enfant, elle tendait les bras vers le ciel et appelait sa Mère. Elle pleurait et La suppliait de venir : « Oh Amma, où es-Tu ? M'as-Tu laissée ici pour que je meure, consumée de désir pour Toi ? Tu es mon seul espoir. M'as-Tu abandonnée Toi aussi ? Ne vois-Tu pas à quel point je souffre ? »

Quand les enfants du voisinage la voyaient pleurer, ils lui demandaient : « Pourquoi pleures-tu grande sœur ? Est-ce que tu as mal quelque part ? » Ils s'asseyaient à côté d'elle, et comme ils l'aimaient beaucoup et ne supportaient pas de la voir triste, ils se mettaient à pleurer eux aussi. Finalement, ils comprirent pourquoi Soudhamani pleurait : elle voulait voir la Mère divine. Alors les petites filles revêtirent des saris et firent semblant d'être la Mère divine. Les voyant ainsi accoutrées, Soudhamani les prit dans ses bras. A ses yeux, elles n'étaient pas des enfants, mais la Mère divine Elle-même.

Soudhamani ne pensait plus qu'à la Mère divine. Tout entière à sa nostalgie, elle avait cessé de prendre soin d'elle-même. Sous le soleil brûlant comme sous la pluie battante, Soudhamani restait allongée sur le sol dans un état de profonde méditation. Insensible au monde qui l'entourait, elle ne songeait ni à dormir ni à se nourrir et ne faisait aucune différence entre le jour et la nuit.

Si Soudhamani était parfois en Krishna Bhava, elle était maintenant le plus souvent comme une enfant de deux ans, l'enfant de la Mère Divine ; elle pleurait comme un petit enfant qui appelle sa Mère. Il lui arrivait aussi de rire et de battre des mains. Elle se roulait sur le sol et tentait de prendre la terre dans ses bras, ou bien s'efforçait d'embrasser les vaguelettes de la lagune. Elle appelait sans cesse : « Amma ! Amma ! »

Des dévots qui étaient venus la voir la trouvèrent inconsciente près de la lagune. Sa pensée était totalement absorbée dans la Mère divine. Elle avait le visage et les cheveux couverts de sable, et l'on pouvait voir sur ses joues les traces de ses larmes intarissables. Ce spectacle leur brisa le cœur. Ils allèrent prévenir son père, mais Sougounanandan ne voulut rien entendre, et ils en furent profondément attristés : personne, dans sa famille, ne se souciait d'elle. Ils la transportèrent chez elle et l'étendirent sur un lit, sans savoir que c'était le lit de Soubhagan. Ils la lavèrent et tentèrent vainement de la ramener à la conscience du monde extérieur. Puis ils la laissèrent là, pour qu'elle se repose confortablement.

Quand Soubhagan rentra un peu plus tard et trouva sa sœur sur son lit, il explosa de rage et hurla : « Qui a mis cette ordure sur mon lit ! » Il secoua le lit si brutalement que celui-ci se brisa. Mais Soudhamani ne s'aperçut de rien. Elle resta allongée paisiblement au milieu des débris. Plus tard, quand elle apprit ce qui s'était passé, elle n'eut aucune réaction et se contenta de dire : « Tout ce qui arrive est la volonté de Dieu, et c'est toujours pour le mieux. »

Le lendemain, un dévot menuisier qui ne savait rien de ce qui s'était passé la veille, vint voir Soudhamani avec un lit, une table et quelques chaises. Il expliqua qu'il avait fait un rêve dans lequel le Seigneur Krishna lui était apparu et lui avait ordonné d'apporter ces meubles en cadeau pour Soudhamani.

Chapitre huit

Des amis fidèles

Des oiseaux et les animaux sauvages étaient très attirés par Soudhamani car ils percevaient son amour pour toutes les créatures de Dieu, de la plus petite fourmi jusqu'à l'être humain. Même les animaux les plus craintifs lui faisaient instinctivement confiance et n'avaient pas peur d'elle.

Maintenant que Soudhamani vivait dehors, c'étaient les animaux qui prenaient soin d'elle et devenaient ses amis. Si sa famille l'avait plus ou moins abandonnée et s'opposait à sa vie spirituelle, les animaux en revanche l'adoraient et faisaient de leur mieux pour la rendre heureuse et lui donner tout le confort possible. Par tous les temps, ils restaient à ses côtés et la protégeaient. Ils la comprenaient, semble-t-il, bien mieux qu'aucun humain ne l'avait jamais fait.

Soudhamani aimait méditer tous les jours dans le petit temple. Chaque fois qu'elle en sortait, une vache appartenant à sa famille s'approchait d'elle, pour lui donner du lait. Soudhamani pensait que c'était la Mère divine qui prenait ainsi soin d'elle. C'est pourquoi elle buvait le lait directement au pis, comme un petit veau. Grâce à cette vache, elle ne souffrait ni de la faim ni de la soif. Celle-ci aimait tant Soudhamani qu'elle refusait de nourrir son propre veau ou de manger avant d'avoir donné son lait à Soudhamani. Cela irritait sa famille. Chaque jour, la vache allait devant le temple et attendait patiemment que Soudhamani sorte. A plusieurs reprises, les parents essayèrent de la chasser, mais la vache ne se laissait pas faire et restait immobile. Ils avaient beau la tirer par la queue et lui verser des seaux d'eau sur le dos, elle ne bougeait pas d'un centimètre. La vache s'amusait parfois à gambader fougueusement autour des cocotiers, toute la famille en fureur à ses trousses. Mais ils n'arrivaient pas à l'attraper. Puis elle retournait au plus vite auprès de Soudhamani pour la nourrir. Dès qu'elle lui avait donné son lait, elle se laissait très docilement emmener.

L'oncle de Soudhamani vivait près de chez sa grand-mère. Un jour, il remarqua qu'une de ses vaches s'était échappée et s'enfuyait vers l'océan. A la hauteur de la plage, la vache tourna subitement à droite et commença à galoper le long du rivage, tandis que l'oncle se lançait à sa poursuite. La vache allait si vite qu'il ne réussit pas à la rattraper. Finalement elle tourna vers l'intérieur du pays et traversa Parayakadavou où elle n'avait jamais mis les sabots auparavant. Elle se rendit sans hésiter vers la propriété de la famille Idammanel, où Soudhamani était assise dehors, absorbée en méditation. La vache s'approcha, la caressa de son doux museau et se mit à la lécher. Mais Soudhamani était en profonde méditation et ne remarquait rien. Alors, la vache se coucha tout près en regardant Soudhamani avec attention, comme si elle attendait la fin de sa méditation. Au bout d'un moment, Soudhamani ouvrit les yeux et dès qu'elle vit la vache, elle se leva pour aller vers elle. La vache leva alors une de ses pattes arrière, invitant Soudhamani à boire son lait. Soudhamani avait très soif et but joyeusement à son pis. Son oncle, qui avait observé toute la scène, en resta émerveillé. Ce jour-là, il comprit que Soudhamani n'était pas une âme ordinaire. Cette vache vint plusieurs fois lui rendre visite, et à chaque fois, elle lui offrit son lait.

Même les serpents étaient attirés par Soudhamani. Il n'était pas rare en effet de voir un serpent s'enrouler autour de son corps quand elle était assise dehors en profonde méditation. Les serpents venimeux aussi venaient à elle, mais ils étaient toujours amicaux et ne lui faisaient jamais le moindre mal. Ils désiraient seulement être près d'elle.

Les oiseaux sauvages étaient complètement apprivoisés en présence de Soudhamani. Elle aimait particulièrement les petits perroquets sauvages, parce qu'ils ont, dit-on, une relation spéciale avec la Mère divine. Parfois, quand elle suppliait « Ô Amma, ne viendras-Tu pas me voir ? », un vol de petits perroquets arrivait et se posait à côté d'elle. Un dévot lui offrit un perroquet en cage. Comme Soudhamani ne supportait pas l'idée de garder une créature vivante enfermée, elle le libéra. Pourtant, l'oiseau ne s'envola pas. Il choisit de rester avec Soudhamani. On le voyait souvent jouer près d'elle, comme s'il dansait. Un jour que Soudhamani priait la Mère divine en pleurant, elle aperçut le perroquet, posé en face d'elle, qui pleurait aussi. L'oiseau ressentait la tristesse de Soudhamani, et il était triste, lui aussi.

Deux pigeons aimaient eux aussi la compagnie de Soudhamani. Chaque fois qu'elle chantait pour la Mère divine, les deux pigeons et le perroquet venaient se poser devant elle et dansaient joyeusement en déployant leurs ailes et en faisant de petits bonds.

Tout en haut d'un cocotier, près de la maison, il y avait un nid de milans (aigles pêcheurs) avec deux oisillons. Le nid fut dérangé et se brisa sur le sol. Les deux bébés milans gisaient par terre, vulnérables. Des enfants se mirent à leur jeter des pierres pour les tuer. Mais Soudhamani arriva à ce moment-là et les sauva. Elle leur construisit un petit abri et prit grand soin d'eux. Quelques semaines plus tard, les jeunes milans étaient assez forts pour commencer à voler, et elle les libéra. Mais pendant longtemps, on put voir les deux oiseaux apparaître au début de chaque Krishna Bhava, et se percher sur le toit du temple.

On dit que l'aigle, Garouda, est le véhicule du Seigneur. Et voilà que maintenant, Soudhamani avait deux Garoudas pendant le Krishna Bhava. Les dévots aimaient ces deux milans et attendaient impatiemment de les voir au début de chaque Krishna Bhava.

Souvent Soudhamani pleurait tant pour la Mère divine qu'elle perdait conscience du monde extérieur. Quand cela arrivait, les deux Garoudas arrivaient et se posaient juste à côté d'elle. Ils restaient là, à la surveiller, comme s'ils la protégeaient. Quelques femmes du voisinage qui passaient par-là aperçurent un jour Soudhamani gisant inconsciente sur le sol avec les deux aigles pêcheurs tout près d'elle, le regard fixé sur son visage. Quelle ne fut pas leur surprise en voyant que les milans pleuraient, comme des êtres humains ! Ces oiseaux aimaient tant Soudhamani qu'ils ne supportaient pas de la voir souffrir.

Un autre jour, alors qu'elle venait de finir de méditer, Soudhamani eut très faim. Immédiatement, un des aigles pêcheurs s'envola vers l'océan et revint quelques minutes plus tard, rapportant un poisson dans ses serres. Il le déposa doucement sur ses genoux et elle avait tellement faim qu'elle prit le poisson et le mangea tout cru. Dès lors, le milan pêcha un poisson pour elle chaque jour. Damayanti fut rapidement mise au courant et comme elle n'appréciait pas que sa fille mange du poisson cru, dès qu'elle voyait l'oiseau arriver avec son offrande quotidienne, elle attrapait le poisson et le faisait frire. Auparavant, quand Soudhamani vouait un culte à Krishna, elle ne mangeait jamais de poisson. Mais maintenant, elle était convaincue que la Mère divine envoyait l'aigle pêcher pour elle : le poisson était une

Des amis fidèles

nourriture consacrée, offerte par la déesse, et elle l'acceptait. Le milan continua longtemps à pêcher pour Soudhamani.

Un chat vint aussi vivre avec elle. A une certaine époque, il entrait dans le temple pendant le Krishna Bhava et marchait en décrivant un cercle parfait autour de Soudhamani, à la façon dont les dévots tournent autour des statues des dieux et des déesses dans les temples hindous. Il s'asseyait ensuite juste à côté d'elle, complètement indifférent à ceux qui se trouvaient dans le temple. Il restait assis là longtemps, les yeux fermés. Tout le monde était persuadé qu'il méditait. Un jour, quelqu'un essaya de l'éloigner en l'emportant de l'autre côté de la lagune, mais le lendemain, le chat était de retour. Il avait probablement traversé la lagune à la nage. Il reprit son poste près de Soudhamani.

Un gros chien blanc et noir était son ami fidèle. Il l'adorait. Quand Soudhamani pleurait si intensément pour la Mère divine qu'elle perdait conscience du monde extérieur, le chien en avait le cœur brisé et geignait très fort. Il se frottait contre elle et lui léchait le visage pour essayer de la réveiller. Et si jamais elle devait traverser la lagune pour se rendre quelque part, le chien aboyait de toutes ses forces en guise de protestation et tentait de l'empêcher de partir en tirant sur sa jupe.

De temps à autre, le chien arrivait et déposait à ses pieds un paquet de nourriture qu'il tenait dans sa gueule. Personne ne savait d'où venait ce paquet, et le chien n'en mangeait jamais, pas même un grain de riz. Pendant la nuit, il dormait blotti contre elle. Et quand elle s'allongeait par terre pour regarder le ciel, elle posait la tête sur le dos du chien comme sur un oreiller.

Si, par respect, un dévot se prosternait devant Soudhamani, le chien aimait étirer ses pattes de devant et baisser la tête comme si, lui aussi, se prosternait devant elle. Et lorsqu'elle dansait dans un état d'extase dévotionnelle, le chien bondissait joyeusement autour d'elle comme s'il dansait lui aussi. Quand, dans le temple, on soufflait dans la conque sacrée, le chien se mettait à hurler et réussissait presque à en imiter le son.

    Une nuit, alors que Soudhamani méditait au bord de la lagune, son père vint à passer. Soudhamani était assise absolument immobile, dans un état de méditation si profond qu'elle ne sentait pas les moustiques dont elle était couverte. Son père l'appela pour tenter de la faire sortir de sa méditation, mais son esprit était si loin qu'elle ne pouvait pas l'entendre. Il la secoua violemment, selon l'habitude de la famille, mais tous ses efforts pour lui faire reprendre conscience furent vains. A sa grande surprise, elle ne pesait pas plus qu'une brindille. Il s'assit à côté d'elle. Au bout d'un moment, le chien noir et blanc s'approcha de Soudhamani et se mit à aboyer, comme pour attirer son attention. Quelques minutes plus tard, Soudhamani ouvrait les yeux et revenait à elle, comme si les animaux avaient le pouvoir de capter son attention, quel que soit l'état de conscience dans lequel elle se trouvait. Le chien aimait tant Soudhamani qu'elle pensait parfois qu'il était la Mère divine. Alors, comme un petit enfant, elle serrait le chien dans ses bras, le couvrait de baisers et appelait « Amma ! Amma ! ».

    Un jour, tandis qu'elle méditait, Soudhamani se sentit brusquement très agitée. Elle se leva et alla rapidement jusqu'au village. Son chien avait été pris par un chasseur de chiens qui s'apprêtait à l'emporter pour le tuer. Le chien gémissait bruyamment, impuissant à se libérer de la chaîne, freinant des quatre pattes tandis que l'homme le tirait. Quelques filles du village, qui aimaient beaucoup Soudhamani, reconnurent son chien et arrivèrent en courant. Elles expliquèrent à cet homme que le chien appartenait à une de leurs amies et le supplièrent de le relâcher, mais il les ignora. Les jeunes filles lui offrirent même de l'argent. Là-dessus, Soudhamani arriva. Le chien la regardait pitoyablement et se mit à verser des larmes, comme un être humain ! Cette fois, c'en fut trop pour le chasseur. Quand il vit à quel point le chien aimait

Des amis fidèles

Soudhamani, il n'eut pas d'autre choix que de le libérer. Le chien fut pris à plusieurs reprises par des chasseurs, mais Soudhamani réussit toujours à le sauver in extremis.

Elle eut un jour l'intuition que son ami le chien blanc et noir allait tomber malade et mourir. C'est exactement ce qui arriva quelques jours plus tard. Le chien fut contaminé par la rage, mais il ne souffrit pratiquement pas. Quand on demanda à Soudhamani si la mort de son chien l'attristait, elle répondit : « Je ne suis pas triste ; il est mort, mais il va bientôt revenir vers moi. » Peu après, elle confirma que l'âme du chien s'était à nouveau incarnée dans le voisinage. Mais elle n'en dit pas davantage.

Ceux qui sont unis à Dieu aiment toutes les créatures, sans exception, parce qu'ils voient Dieu en chacune d'entre elles. Quand le coeur d'un être déborde d'amour divin et de compassion, les animaux se sentent attirés comme par un aimant. En sa présence, les lions et les tigres sauvages deviennent doux comme des agneaux, et jamais les serpents venimeux ne songeraient à lui nuire. Toutes les créatures de Dieu deviennent ses tendres amis. C'est ce qui arriva à Soudhamani. Elle comprenait même le langage des animaux. Quand ils lui parlaient, elle saisissait tout ce qu'ils disaient.

Chapitre neuf

La Mère de la douce Béatitude

Soudhamani percevait désormais la présence de la Mère divine tout autour d'elle, et partout où elle posait son regard, elle voyait son Amma bien aimée. Elle étreignait les arbres et caressait les fleurs, leur parlait et les embrassait car pour elle, ils étaient sa Mère. Quand le vent soufflait dans ses cheveux ou sur sa peau, elle avait le sentiment que la Mère divine la caressait. La terre était les genoux de sa Mère. Elle se roulait sur le sol en essayant de prendre la terre dans ses bras. Elle contemplait souvent le ciel, les yeux ouverts sur l'infini. Personne ne savait ce qu'elle voyait. Soudain, envahie par une indicible béatitude, elle riait et pleurait à la fois sans pouvoir s'arrêter.

Comme elle pensait constamment à la Mère divine, Soudhamani ne dormait plus et ne mangeait que très rarement. Elle vivait dans un autre monde et n'était plus capable de s'occuper de son corps. S'il lui arrivait de manger, elle mâchait des feuilles de thé déjà infusées, de la bouse de vache ou d'autres choses étranges.

Car elle ne faisait pas la différence et n'avait aucune idée de ce qu'elle se mettait dans la bouche. Un être ordinaire tomberait malade, mais comme Soudhamani se trouvait dans un état divin, cela ne l'affectait pas.

La dévotion de Soudhamani pour la Mère divine atteignit son apogée. Son désir de voir la Mère était si intense qu'elle pleurait souvent des heures durant, jusqu'à perdre toute conscience du monde extérieur, tant sa souffrance était insupportable.

Un jour, au comble du désespoir, elle s'écria : « Ô Amma, je ne peux plus supporter la douleur d'être séparée de Toi ! Pourquoi ne viens-Tu pas ? Je ne peux plus vivre sans Toi ! »

Des années plus tard, se rappelant ce moment de sa vie, Amma commenta : « Tous les pores de ma peau étaient grand ouverts dans l'attente brûlante de la Mère divine, chaque atome de mon corps vibrait du mantra sacré, tout mon être se précipitait vers la Mère divine comme un torrent impétueux. »

Son cœur semblait sur le point d'exploser dans l'ardeur de son aspiration et elle s'écria : « Ô Amma ! Ton enfant veut tellement Te voir ! Pourquoi ne viens-Tu pas ? Je suis comme un poisson qui se dessèche hors de l'eau. Est-ce que Tu ne T'inquiètes pas de mon sort ? Je T'ai tout donné. Maintenant je n'ai plus rien à T'offrir, si ce n'est mon dernier souffle. »

Sa voix s'étrangla et elle s'écroula sur le sol. À quoi bon vivre, si elle n'obtenait pas la vision de la Mère divine ? Elle avait offert tout ce qu'elle avait, tout ce qu'elle était, son être entier. Et maintenant elle lui donnait son dernier souffle. Soudhamani cessa de respirer. Elle était sur le point de mourir.

C'est alors que, tout à coup, le miracle se produisit.

La Mère de l'univers, qui sait tout ce qui arrive à Ses enfants, et n'avait nulle intention de laisser mourir Soudhamani lui apparut. Elle rayonnait comme un million de soleils. Soudhamani ressentit une joie infinie. Son coeur fut submergé de vagues d'amour et de béatitude indescriptibles, et elle se trouva transportée aux sommets de la Conscience divine. Elle écrivit ensuite un chant, « La Voie de la Béatitude » pour tenter d'exprimer ce qu'elle avait vécu.

Ananda vithi (La Voie de la Béatitude)

Un jour, mon âme dansait avec délices sur la voie de la béatitude.

Alors tous mes ennemis intérieurs tels que l'attraction et la répulsion s'enfuirent pour se cacher dans les replis les plus secrets de ma conscience.

M'oubliant, je me fondis dans un rêve doré jailli de l'intérieur de mon être.

Tandis que de nobles aspirations se manifestaient avec clarté dans mon esprit, la Mère divine, de Ses belles mains douces, me caressa le front. Inclinant la tête, je dis à Mère que ma vie Lui était dédiée. Souriante, Elle se mua en lumière divine, resplendissante, et se fondit en moi.

Mon esprit s'épanouit, baigné dans l'éclat multicolore de la Divinité,
et la mémoire de millions d'années passées surgit en moi. Dès lors, ne voyant plus rien comme séparé de mon Soi, unité absolue, unie à la Mère divine, je renonçai à toute forme de plaisir.

Mère me dit de demander aux êtres humains d'accomplir le but de leur naissance. C'est pourquoi je proclame au monde entier la vérité sublime révélée par Dévi :
«O homme, réalise le Soi ! »

Des milliers de yogis sont nés en Inde et ont fait l'expérience des vérités perçues en méditation par les grands sages inconnus de jadis. Pour affranchir les hommes de la souffrance, combien de vérités ne nous ont-ils pas révélées !

Aujourd'hui je tremble de béatitude en me remémorant les paroles de Mère :
« O ma bien-aimée, viens à moi, abandonnant toute autre tâche
Tu es mienne pour toujours. »

Soudhamani s'était enfin unie à la Mère Divine. Non seulement la goutte d'eau s'était dissoute dans l'océan, mais elle était devenue l'océan lui-même. Il n'y avait plus aucune différence entre Soudhamani et la Mère divine. Elle était la Mère divine.

A partir de maintenant, nous pouvons donc l'appeler Amma. Elle était consciente de se trouver partout dans l'univers. Plus tard, tentant d'expliquer son expérience à des dévots qui la questionnaient, elle précisa : « La Mère divine semblait exister sous toutes ses formes à l'intérieur de mon être, et j'avais conscience de n'être ni différente, ni séparée d'elle. J'ai vu que toute la Création était contenue en moi, comme une bulle minuscule. »

Amma passait désormais ses jours et ses nuits dehors, à savourer la douce béatitude de la Réalisation du Soi. Elle entendit un jour une voix qui disait : « Mon enfant, je ne me trouve pas dans un lieu précis, je demeure en chacun. Tu n'es pas née uniquement pour savourer cet état de béatitude. Tu es venue en ce monde pour aider ceux qui souffrent. Désormais, vénère-moi en chacun, et délivre les êtres de leur souffrance. »

Dès lors, Amma apparut non seulement en Krishna Bhava, mais aussi en Dévi Bhava, durant lequel elle manifestait les différents aspects de la Mère divine. Pendant le Dévi Bhava, elle porte un sari de couleur et une magnifique couronne. Elle permet ainsi

La Mère de la douce Béatitude

à ses dévots de comprendre un peu mieux son état d'union avec Dévi, la Mère divine. Son coeur déborde d'amour et de compassion. Amma aime tous les êtres d'un amour maternel. Mais son amour est infiniment plus profond et plus puissant que celui d'une mère ordinaire. Quand les dévots s'agenouillent devant elle, elle prend chacun dans ses bras. Des milliers de personnes viennent la voir. Elle les bénit, les réconforte et les délivre de leurs souffrances.

Chapitre dix

Les semeurs de troubles

Mais la famille d'Amma ne la comprenait toujours pas. Ils étaient horrifiés à l'idée que tant de gens viennent la voir. A leurs yeux, elle ne faisait que compromettre la réputation de la famille en fréquentant tous ces gens ! Son frère aîné, Soubhagan, et certains de ses cousins décidèrent donc de la tuer. Ils vinrent un jour la chercher sous prétexte qu'un parent souhaitait la rencontrer. Elle partit avec eux chez ce parent, mais la maison était vide. Ils avaient menti. Ils l'amenèrent à l'intérieur de la maison. Un des cousins sortit un grand couteau qu'il avait caché sous ses vêtements. Soubhagan dit à Amma : « Tu es allée trop loin ! Tu salis la réputation de la famille. Puisque tu ne veux pas t'arrêter de chanter, de danser et de te mêler à toutes sortes de gens, il vaut mieux que tu meures ! »

Amma répondit avec un rire moqueur : « Je n'ai pas peur de la mort. Tôt ou tard, le corps doit périr. Mais ni vous ni personne ne peut tuer le véritable Soi. Si vous voulez en finir avec ce corps-ci, je vais vous dire quelle est ma dernière volonté, et c'est votre devoir de la satisfaire. Je veux que vous me laissiez méditer un moment, et quand je serai plongée en méditation, vous serez libre de tuer ce corps.»

Amma était parfaitement calme. Elle s'assit, ferma les yeux et entra dans un état de profonde méditation. Son visage rayonnait de béatitude. Les hommes, abasourdis par ses paroles et par son visage paisible, devinrent muets de stupeur.

Brusquement, le cousin qui tenait le couteau se précipita, et tenta d'enfoncer le couteau dans la poitrine d'Amma. Mais avant même qu'il ne puisse la blesser, il fut immobilisé par une douleur intense dans sa propre poitrine, à l'endroit exact où il avait appuyé le couteau. En proie à une terrible souffrance, il s'effondra sur le sol. Ses complices en furent terrifiés.

A ce moment survint Damayanti. Elle avait trouvé bizarre que sa fille quitte la maison avec Soubhagan et ses cousins. Arrivée devant la maison, elle eut l'intuition qu'il se passait quelque chose de terrible ; elle se mit à hurler de toutes ses forces et à tambouriner contre la porte, jusqu'à ce qu'on lui ouvre. Puis elle prit Amma par la main et l'entraîna rapidement loin de la maison.

Le cousin qui avait voulu poignarder Amma tomba gravement malade et dut être hospitalisé. Amma alla lui rendre visite à l'hôpital. Elle ne ressentait aucune colère envers lui, uniquement de la compassion. Elle le consola affectueusement et le nourrit de ses propres mains. Touché par l'amour et le pardon d'Amma, il regretta profondément ce qu'il avait fait et éclata en sanglots. Il mourut quelques jours plus tard.

Peu de temps après, Soubhagan fut sérieusement frappé d'éléphantiasis. Sa maladie ne l'empêchait pas d'être un puits de haine et de continuer à menacer les dévots d'Amma. Mais en peu de temps, il sombra dans un état de profonde dépression et se suicida.

Sougounanandan et Damayanti en eurent le cœur brisé. Mais Amma leur assura : « Ne soyez pas tristes car Soubhagan se réincarnera bientôt dans la famille. » Quelques années plus tard, Kastouri, la sœur aînée d'Amma, se maria et eut un fils appelé Shivan. Amma déclara que Soubhagan s'était réincarné sous la forme de Shivan, et couvrit le petit garçon d'amour. Il se mit tout de suite à l'adorer et à se sentir très proche d'elle. La compassion d'Amma est si grande qu'elle a sauvé l'âme de son frère Soubhagan qui s'était toujours montré si cruel envers elle.

Certains villageois, athées, ne reconnaissaient pas la divinité d'Amma. Leur hostilité était si grande qu'ils complotèrent de la blesser. Un jour, ils jonchèrent de clous acérés l'endroit où elle s'asseyait souvent pour méditer. Mais chose curieuse, bien qu'Amma s'y rendît pour méditer, elle ne sentit pas la moindre piqûre. Furieux, certains d'entre eux firent semblant d'être des dévots et se présentèrent au Krishna Bhava pour lui offrir un verre de lait empoisonné. Amma savait que le lait était empoisonné, mais elle l'accepta et le but. Les faux dévots s'attendaient à ce qu'elle s'effondre et meure, mais le poison ne l'affecta nullement. Quelques instants plus tard, Amma se tourna vers les criminels, vomit le lait empoisonné devant eux et poursuivit le Krishna Bhava comme si de rien n'était. Ils s'enfuirent à toutes jambes.

Les villageois hostiles à Amma se joignirent alors à une importante association prônant l'athéisme qui incluait plusieurs villages voisins pour former le Club des Rationalistes. Leur but était de nuire à Amma en persuadant les gens qu'elle n'était qu'une simulatrice, et non une sainte. Ils répandirent sur elle de fausses rumeurs et allèrent jusqu'à publier des articles diffamatoires à son sujet dans les journaux.

A cette époque, pendant les Dévi Bhava, Amma sortait du temple sous l'aspect de la déesse Kali. Elle portait l'épée et le trident de la Mère divine et dansait en extase. Un soir, les rationalistes apportèrent un plein panier d'épines vénéneuses et acérées. Ils donnèrent le panier à des enfants en leur demandant d'en éparpiller le contenu sur le sol, à l'endroit où Amma avait l'habitude de danser, en faisant bien attention de ne pas toucher les épines. Cette nuit-là, quand Amma sortit du temple, elle savait ce qui s'était passé, sans avoir été prévenue par personne. Elle en informa ses dévots et leur demanda de ne pas bouger. Elle commença ensuite sa danse divine en tenant l'épée et le trident. C'était une danse telle qu'ils n'en avaient jamais vue. Ils voyaient de leurs propres yeux la Destructrice du mal, la déesse Kali elle-même, danser pieds nus devant le temple, sous la véranda. Brusquement, elle trancha d'un coup d'épée les ficelles qui tenaient les images accrochées au mur. Les tableaux se fracassèrent sur le sol ; il y avait des morceaux de verre partout sous la véranda mais Amma n'y prêta aucune attention et continua sa danse comme si de rien n'était. Elle dansait sur les morceaux de verre comme sur des pétales de fleurs.

Puis, quittant la véranda, elle se rendit directement à l'endroit parsemé d'épines vénéneuses et dansa.

Les rationalistes venus dans l'intention de lui nuire furent sidérés quand ils la virent danser sur les épines. Ils s'attendaient à ce qu'elle ait les pieds en sang, couverts d'épines. Ils étaient sûrs qu'elle allait s'effondrer sous l'effet du poison. Mais rien de tel ne se produisit. Plus tard, après le Dévi Bhava, le père d'Amma, anxieux, apporta des baumes pour lui soigner les pieds. Mais il découvrit qu'elle n'avait pas la moindre égratignure, aucune piqûre.

Lors d'un Dévi Bhava, les rationalistes envoyèrent à Amma un sorcier qui faisait de la magie noire. Ce sorcier était connu pour ses pratiques maléfiques. Il avait fait du mal à bien des gens dans le passé, et il allait maintenant essayer sa sorcellerie meurtrière sur Amma. Il lui offrit un peu de cendre, en prétendant qu'il s'agissait de cendre bénie. C'était en fait de la cendre ordinaire qu'il avait empoisonnée par sa magie noire. Le poison était si puissant que cette cendre pouvait facilement tuer la personne qui l'utilisait. Dès que le sorcier lui offrit la cendre, Amma sut de quoi il retournait, mais elle ne dit rien. Elle l'accepta et s'en mit sur la peau. Elle pensait : « Si la volonté de Dieu est que ce corps meure, qu'il en soit ainsi. Personne ne peut échapper à la volonté divine. » Le sorcier était convaincu qu'Amma allait mourir, comme bien d'autres victimes qui avaient succombé à ses maléfices. Mais à sa grande stupéfaction, la cendre empoisonnée n'eut aucun effet. Peu de temps après, le sorcier malfaisant devint fou et finit mendiant.

Les rationalistes ne se découragèrent pas pour autant. Ils engagèrent un tueur professionnel qui se rendit au petit temple pendant un Dévi Bhava, un couteau caché sous ses vêtements. Dès qu'Amma l'aperçut, elle lui sourit affectueusement. Ce sourire eut un effet étrange : il tomba aux pieds d'Amma en la suppliant de lui pardonner ses intentions meurtrières ; il sortit du temple complètement transformé. Les Rationalistes l'insultèrent mais il se contenta de leur sourire. Il était devenu un dévot d'Amma.

Alors les rationalistes se mirent à faire de faux témoignages à la police, accusant Amma de délits qu'elle n'avait jamais commis. Un groupe de policiers vint donc l'interroger. En les voyant, Amma se mit à rire et leur déclara : « Si c'est ce que vous voulez, faites donc ! Arrêtez-moi et mettez-moi en prison. Au moins, je pourrai être seule pour méditer et penser à Dieu constamment. Si c'est la volonté de Dieu, qu'il en soit ainsi. » Avec un rire joyeux, elle leur tendit les mains. Les policiers étaient stupéfaits. Son visage rayonnant d'amour et de joie mpressionna la plupart d'entre eux et ils comprirent qu'ils étaient en présence d'une grande âme. Ils se prosternèrent à ses pieds et se sentirent bénis. Ils se retirèrent bientôt et n'eurent plus jamais aucun doute à propos d'Amma. Une fois encore, les rationalistes avaient échoué dans leur tentative.

Amma qui sait tout, y compris le futur, prédit que le Club des rationalistes se dissoudrait bientôt. C'est exactement ce qui arriva. Les membres du Club se querellèrent. Certains, qui avaient changé de sentiment au sujet d'Amma commençaient à croire en elle et comprenaient qu'ils avaient commis une terrible erreur. Ils devinrent des fidèles, et deux des dirigeants épousèrent par la suite les sœurs d'Amma. Ainsi finit le Club des rationalistes.

Quand le père d'Amma avait aménagé pour elle le petit temple dans l'étable, jamais il n'avait imaginé que des milliers de personnes viendraient la voir. De plus en plus de gens affluaient pendant le Krishna et le Dévi Bhava, et Sougounanandan s'en affligeait. Il ne supportait pas l'idée que sa fille se mêle à autant d'étrangers. Comme le reste de la famille, il pensait qu'Amma ternissait leur réputation. Car à ses yeux, Amma était simplement sa fille. Il se faisait également du souci parce que le corps d'Amma devenait raide comme une statue après chaque Dévi Bhava et qu'il fallait la masser pendant des heures pour le ramener à la normale.

Un soir, particulièrement soucieux, il alla trouver Amma pendant le Dévi Bhava. Des années auparavant, elle lui avait dit que seul Dieu était son vrai Père et sa vraie Mère, et ce jour-là, elle se mit à l'appeler « Père adoptif ». Sougounanandan, qui était déjà de mauvaise humeur à cause de tous les tracas qu'il devait endurer, faillit exploser de colère. Il s'écria : « Est-ce que les dieux et les déesses ont des pères adoptifs ? Mère divine, je veux que Tu me rendes ma fille ! »

Amma répondit : « Si je te rends ta fille, elle ne sera plus qu'un corps sans vie ! » Amma voulait dire que Sougounanandan n'était que le père du corps physique d'Amma, mais pas celui de son âme. Amma, dans sa véritable Nature, le Soi éternel qui ne peut jamais mourir, n'appartient à personne. En demandant que sa fille lui soit rendue, il ne pouvait obtenir que son corps physique, rien d'autre. Mais Sougounanandan n'était pas d'humeur à écouter. Il exigea : « Que la Mère divine s'en aille ! Qu'elle rentre chez Elle ! Je veux récupérer mon enfant ! » Amma lui répondit : « Si c'est ce que tu veux, voilà ta fille. Prends-la ! »

Amma glissa sur le sol. Ses yeux étaient encore ouverts mais elle ne bougeait plus. Son coeur cessa de battre et son corps devint tout raide. Un médecin qui se trouvait parmi les dévots, prit son pouls, mais il n'y avait plus aucun signe de vie. Il lui ferma doucement les yeux et la déclara morte.

Tous étaient accablés, beaucoup se mirent à pleurer. D'autres, sous l'effet du choc, devinrent hystériques. Au début, Sougounanandan resta debout, complètement hébété. Il ne savait pas quoi faire. Puis il réalisa que c'était à cause de lui que sa fille était morte. Il fut submergé d'un tel chagrin qu'il s'effondra.

On alluma des lampes à huile autour du corps. Les dévots avaient perdu tout espoir. Le coeur brisé, ils ne pouvaient articuler un mot. Tout était silencieux autour du temple. Même Mère Nature se taisait. Pas une vague ne venait se briser sur le rivage, pas un grillon ne chantait, et le vent lui même cessa de bruisser dans les feuillages.

Huit heures passèrent, mais personne ne bougeait. Tous s'étaient assis calmement autour du corps d'Amma. Puis Sougounanandan se leva et se mit à pleurer bruyamment. Le visage ruisselant de larmes, il s'écria : « Mère divine ! Je Te supplie de me pardonner. Je ne savais pas ce que je disais. Je T'en prie, ramène ma fille à la vie ! Pardonne-moi ! Je ne dirai plus jamais ce que j'ai dit. » Et en faisant cette prière, il agenouilla sur le sol et se mit à pleurer éperdument.

Soudain, quelqu'un crut voir le corps d'Amma remuer légèrement. Était-ce le fruit de leur imagination ou bien avait-elle réellement bougé ? Lentement, Amma ouvrit les yeux et revint à la vie. Elle était en pleine forme, en parfaite santé, comme si de rien n'était. La joie et le soulagement de tous furent indescriptibles.

À partir de ce jour-là, Sougounanandan se métamorphosa. Il comprit finalement que sa fille était la Mère divine elle-même. Dès lors, il n'essaya plus de la changer et l'autorisa à faire ce qu'elle voulait.

Chapitre onze

Étreindre le monde

En 1975, quand Amma révéla pour la première fois son unité avec Dieu sous la forme de Krishna et de Dévi, elle dit à son père : « Ne demande rien à personne. Tout viendra à toi sans que tu le demandes. Dieu te bénira et te donnera tout ce dont tu as besoin. Dans le futur, ce lieu deviendra un grand centre spirituel attirant mes dévots du monde entier. Des milliers d'entre eux seront pour toi comme tes propres enfants et ta famille. »

Peu de temps après arriva le premier groupe de jeunes Indiens qui avaient quitté leur foyer pour venir vivre auprès d'Amma. Elle inondait les brahmacharis[8] d'amour et les traitait comme ses propres enfants. Sous son aile protectrice, et grâce à ses conseils affectueux, ils menaient une vie de renoncement. Leur désir de se trouver en présence d'Amma était si intense qu'ils ne remarquaient pas qu'il n'y avait presque rien à manger. Ils passaient le plus clair de leur temps dehors, dormant à même le sol, sans matelas. Tout ce dont ils avaient vraiment besoin venait à eux sans qu'ils le demandent et ils partageaient tout. Ils n'avaient pas d'argent.

---

[8] Un brahmachari ou une brahmacharini est un(e) novice qui reçoit une formation spirituelle d'un maître.

S'ils devaient se rendre quelque part, ils y allaient à pied, même s'il s'agissait d'une longue distance. Chacun ne possédait qu'un seul vêtement, mais d'une manière ou d'une autre, ils apprirent à s'en arranger.

Un des brahmacharis était malheureux parce que son unique vêtement était sale et déchiré. Il se plaignit un jour à Amma de leur pauvreté. Elle lui répondit : « Ne demande pas à Dieu des choses si futiles. Abandonne-toi à Ses pieds et Il te donnera tout ce dont tu as réellement besoin. » Amma avait elle-même vécu ainsi, elle parlait donc à partir de sa propre expérience. Dès le lendemain, sans savoir combien ils étaient pauvres, un dévot apporta des vêtements neufs pour tous les brahmacharis.

Ces débuts difficiles de l'ashram constituèrent pour les brahmacharis un bon entraînement à la vie de renoncement. Pour les encourager, Amma leur disait : « Si vous pouvez supporter la formation que vous recevez ici, vous vous sentirez partout chez vous. Si vous pouvez surmonter ces situations difficiles, vous serez en mesure d'affronter n'importe quelle autre difficulté. »

C'est à cette époque qu'un disciple donna à Amma le nom de « Mata Amritanandamayi Dévi », et c'est sous ce nom qu'elle est aujourd'hui connue dans le monde entier. Mais la plupart des gens l'appellent « Amma », ce qui signifie « maman » en malayalam.

La famille d'Amma finit par comprendre qu'elle était la Mère divine elle-même, et en fut profondément transformée. Sougounanandan et Damayanti se demandaient souvent quelles bonnes actions ils avaient bien pu faire dans leurs vies passées pour devenir les « parents » de la Mère divine !

Quand on lui demanda pourquoi elle avait pris naissance dans des conditions aussi difficiles, où elle était exploitée et rejetée par de nombreux villageois et par sa propre famille, Amma répondit qu'elle avait choisi cette situation pour encourager les chercheur spirituels et prouver à l'humanité que l'on peut atteindre la

Étreindre le monde

réalisation du Soi en toutes les circonstances, si difficiles soient-elles.

Amma dit également qu'elle a toujours été dans le même état de conscience suprême, et que bébé, elle était déjà pleinement consciente de son unité avec Dieu. C'est donc simplement pour nous donner l'exemple à suivre qu'elle a passé toutes ces années à désirer intensément se fondre en Krishna et en la Mère divine, qu'elle a consacré tant d'efforts à la sadhana.

Aujourd'hui, le lieu où Amma a grandi est appelé Amritapouri (pouri= la ville ; amrita= le nectar de l'immortalité). Son foyer est devenu un ashram, la mission Mata Amritanandamayi, où elle forme des centaines d'hommes et de femmes qui ont choisi de consacrer leur vie à Dieu et à servir l'humanité. Des milliers de familles, en Inde et partout ailleurs dans le monde, considèrent l'ashram comme leur foyer spirituel.

A l'ashram, on voit souvent Amma travailler, porter des briques et du sable, couper des légumes, etc. Si le travail est difficile ou salissant, Amma ne se contente pas de donner l'ordre de l'exécuter. Elle est la première à se mettre à l'ouvrage. Tout le monde se précipite alors pour aider et la tâche est ainsi rapidement terminée.

Amma enseigne toujours à ses enfants par l'exemple. Le toit d'une des huttes était troué et il pleuvait à l'intérieur. Les deux brahmacharis qui étaient supposés faire la réparation repoussaient toujours la tâche au lendemain. Lorsqu'un matin, Amma découvrit la situation, elle se rendit aussitôt à la hutte, demanda une échelle, grimpa sur le toit et se mit à le réparer. Quand les brahmacharis apprirent ce qu'Amma était en train de faire, ils arrivèrent sur les lieux en courant. Ils la supplièrent de descendre et de les laisser s'en occuper, mais elle ne voulut rien entendre. Elle répara le toit elle-même, tandis que les deux brahmacharis, penauds, la regardaient faire. A la suite de quoi, les brahmacharis effectuèrent toujours immédiatement le travail qu'ils étaient censés faire, sans le remettre à « plus tard ».

Une autre fois, une jeune fille qui était venue à l'ashram tomba malade et vomit sur un sari. Une brahmacharini qui servait Amma et qui, à cette époque, était chargée de laver ses vêtements, en fut si dégoûtée qu'elle ramassa le linge sali avec un bâton ; elle s'apprêtait à le confier à un blanchisseur, quand Amma intervint en lui demandant : « Si tu ne peux pas voir Dieu en chacun et servir tous les êtres de manière égale, à quoi bon avoir passé tant d'années à servir et à méditer ? Y a-t-il la moindre différence entre cette jeune fille souffrante et Amma ? » Amma ramassa le sari et le lava elle-même.

Jour et nuit, Amma consacre chaque moment de sa vie à servir l'humanité. Comme elle pense constamment aux autres, elle a tendance à oublier ses propres besoins et ne remarque pas qu'elle a faim ou soif, ou qu'elle est fatiguée. Chaque jour, des centaines, souvent des milliers de personnes viennent pour le darshan d'Amma. Ils lui confient leurs problèmes et Amma les écoute pendant des heures et des heures. Elle essuie leurs larmes et allège leur souffrance. Elle prend dans ses bras tous ceux qui viennent à elle. Au fil des années, Amma a affectueusement embrassé des millions de gens. Jeunes ou vieux, riches ou pauvres, bons ou mauvais, elle accepte tous les êtres avec la même tendresse et le même amour extraordinaires. Elle les guide, les soutient, les réconforte et les aide à traverser les difficultés.

Amma fait tout ce qu'elle peut pour aider les pauvres et les malheureux. Elle a un orphelinat où ses disciples s'occupent de centaines de filles et de garçons, orphelins, ou bien confiés à Amma par leur famille, trop pauvre pour les nourrir. Malgré son emploi du temps chargé, dès qu'elle le peut, elle consacre du temps aux enfants. Elle joue, chante et danse avec eux, leur donne

Étreindre le monde

à manger, les serre sur son cœur et leur donne un baiser. Pour ces enfants, Amma est leur propre mère.

En plus de cet orphelinat, Amma a ouvert un grand nombre d'écoles, des instituts universitaires, et des centres de formation à l'informatique. Des bourses d'études et des frais de scolarité réduits permettent aux gens de milieu modeste de s'inscrire dans ces écoles. Amma sait que s'ils reçoivent une bonne formation, ils pourront obtenir un travail mieux rémunéré et aider leur famille.

Elle a aussi construit des hôpitaux pour les pauvres et des milliers de logements pour les sans-abri. Elle nourrit les affamés, et aide les malheureux de toutes les façons possibles.

Amma dit que le monde est pareil à une fleur dont les nations sont les pétales. Chaque année, Amma voyage pour rendre visite aux différents pétales de la fleur du monde, et pour rencontrer les dizaines de milliers de personnes qui la considèrent comme leur maître spirituel et leur Mère bien-aimée. Elle tend la main à tous ceux qui souffrent et s'efforce de les aider. En sa présence, les cœurs s'ouvrent, et ceux qui se sentent seuls découvrent qu'ils ont une amie divine qui sera toujours là pour eux. Amma redonne l'espoir à ceux qui l'avaient perdu et sème des sourires sur son passage.

Amma nous enseigne que la chose la plus importante dans la vie est de nous aimer les uns les autres et de prendre soin d'autrui. Par son exemple, Elle nous incite à ouvrir notre coeur à Dieu.

« Un flot constant d'amour jaillit d'Amma vers tous les êtres de l'univers. C'est la nature innée d'Amma. » dit-elle.

Deuxième partie

Expériences des enfants d'Amma

La couronne de Krishna

Takkali, la nièce de Swami Pournamritananda, avait sept ans. Elle s'appelait en réalité Shija, mais Amma l'avait surnommée « takkali », ce qui veut dire « tomate ». La fillette avait un désir, dont elle n'avait jamais parlé à personne. « Ô mon Dieu confiait-elle au Seigneur, comme je serais heureuse si Tu me laissais mettre la couronne qu'Amma porte pendant le Krishna Bhava ! » Mais personne d'autre qu'Amma n'avait jamais mis cette couronne, et l'enfant savait que son souhait était irréalisable.

Le jour de l'anniversaire de Krishna, Takkali est venue à l'ashram avec ses parents. Sur le bateau qui traversait la lagune, elle a vu qu'Amma l'attendait sur l'autre rive. Toute la famille est descendue du bateau, et Amma a aussitôt pris la fillette par la main pour la conduire jusqu'à l'ashram où un groupe d'enfants était costumé en habits de couleurs vives. Pour fêter l'anniversaire de

Krishna, les petits allaient présenter une danse folklorique illustrant l'enfance de Krishna à Vrindavan. Amma a emmené Takkali à l'intérieur du temple et l'a revêtue d'un costume magnifique, qui ressemblait à celui de Krishna.

Soudain, à la grande joie de la fillette, Amma a placé sur sa tête la couronne du Krishna Bhava ! Elle ressemblait maintenant à Krishna enfant ! Amma l'a conduite dehors, elle a demandé aux enfants de faire un cercle autour d'elle, et de danser une ronde, comme si elle était Krishna ! Jamais Takkali n'avait été aussi heureuse ! Elle n'avait pourtant rien dit à Amma, mais Amma étant omnisciente, elle a satisfait son désir. Dieu exauce les voeux d'un coeur pur et innocent.

Le lépreux Dattan

Dattan avait la lèpre. Il avait été frappé par cette terrible maladie dès sa jeunesse. Quand ses parents découvrirent qu'il était lépreux, ils le chassèrent de la maison. Sa famille le rejeta, personne ne voulut plus avoir affaire à lui. Etant donné sa maladie, Dattan ne trouvait pas de travail. C'est ainsi qu'il devint mendiant. Il demandait l'aumône pour se nourrir et passait ses jours et ses nuits dans les cours d'un temple.

Avec le temps, son corps fut recouvert de plaies d'où suintait un pus nauséabond. Il avait perdu tous ses cheveux. Ses yeux, infectés et enflés, n'étaient plus que deux fentes et Dattan était presque aveugle. Il inspirait le dégoût. On l'évitait, on refusait même de le nourrir. Et il avait souvent faim.

Il essayait de se recouvrir le corps d'une grande pièce de tissu, ce qui lui faisait très mal parce que le drap collait à ses plaies. Il était constamment assailli par des mouches et d'autres insectes attirés par ses blessures. Les gens étaient si terrorisés par sa maladie qu'ils ne le laissaient pas monter dans le bus. Même

Expériences des enfants d'Amma

les autres mendiants ne voulaient pas qu'il s'approche d'eux. Dès qu'ils l'apercevaient, les gens se pinçaient le nez et s'enfuyaient. Certains lui crachaient même dessus. Personne ne prenait soin de lui, personne ne lui manifestait la moindre compassion. Jamais un mot gentil, ni un sourire. Dans cette vie de cauchemar, il se sentait l'être le plus méprisé du monde.

Il entendit un jour parler de la Mère divine. Il s'accrocha à ce brin d'espoir et décida d'aller la voir. Il arriva un soir de Dévi Bhava, mais personne ne voulut le laisser entrer dans le temple. Son visage et son corps étaient hideux et de ses plaies purulentes émanait une odeur infecte. Dès que les gens le virent, ils lui firent signe de partir et lui crièrent : « Va-t-en ! » Et Dattan sentit son cœur se briser, comme si Dieu Lui-même le haïssait. Mais soudain, Amma aperçut Dattan par la porte ouverte du temple. Elle l'appela : « Mon fils ! Mon fils! Viens ! »

Il entra dans le temple et s'approcha timidement d'Amma, craignant qu'elle manifeste elle aussi du dégoût. Mais elle ne parut remarquer ni sa laideur, ni la puanteur que dégageait son corps. Pour la première fois depuis tant d'années, il vit un visage bienveillant qui exprimait - mon Dieu ! - l'amour et la compassion ! Elle le prit dans ses bras comme s'il était le plus bel enfant du monde, le serra contre elle, et le câlina avec beaucoup d'affection.

Mais ce qu'elle fit ensuite fut pour l'assistance un véritable choc. Elle se mit à lécher les plaies infectées, à en aspirer le pus et le sang qu'elle recrachait dans une bassine. Puis elle emmena Dattan dans la cour derrière le temple et le baigna en lui versant des pots d'eau sur la tête. Enfin, elle enduisit ses plaies et tout son corps de cendre sacrée. Dattan fut comme inondé d'amour maternel. Il revint ensuite voir Amma à chaque Dévi Bhava. Elle répétait toujours le même rituel : elle léchait ses plaies, lui donnait un bain et lui couvrait le corps de cendre sacrée. Et chaque fois, elle prenait soin de lui avec autant d'amour que s'il était son enfant favori. Quand ses dévots lui demandèrent comment elle pouvait faire une chose pareille, elle répondit : « Y a-t-il quelqu'un d'autre pour le soigner et pour l'aimer ? Amma ne voit pas son corps physique mais seulement son cœur. Amma ne peut pas le rejeter. C'est mon fils et je suis sa mère. Une mère peut-elle abandonner son enfant ? »

Dattan est devenu un autre homme. Presque toutes ses plaies se sont guéries. La salive d'Amma a été son remède divin. Ses yeux se sont ré ouverts et il voit de nouveau. Ses cheveux ont repoussé. Il peut désormais voyager en bus sans déranger personne. Les gens lui parlent et lui donnent à manger. Bien que les cicatrices de la terrible maladie soient restées visibles, le pus est parti et il ne sent plus mauvais. Il peut remettre une chemise et un dhoti (pièce de tissu que les hommes indiens se nouent autour de la taille et qui leur couvre les jambes), sans que l'étoffe lui colle à la peau et lui fasse mal. Par la grâce d'Amma, Dattan est heureux. Amma lui a donné une nouvelle vie.

Amma guérit un jeune paralysé

En 1998, lorsqu'Amma se trouvait aux États-Unis, on lui parla d'un jeune qui vivait, dans un hôpital près de Boston, complètement paralysé. Le garçon était d'origine indienne, mais sa famille vivait aux Etats-Unis. Comme il marchait un jour dans la rue à Boston, il passa devant un immeuble en construction et une grosse pièce d'échafaudage tomba sur lui. Grièvement blessé, il resta paralysé. Depuis, les médecins n'avaient pas réussi à améliorer son état. Ses parents vinrent au darshan à New York, et demandèrent à Amma de venir le voir à l'hôpital.

Entre New York et Boston, Amma fit halte à l'hôpital pour voir le garçon. Quand elle entra dans la chambre, il était assis dans un fauteuil roulant. On avait préparé pour elle un siège spécial, recouvert de magnifiques soieries indiennes. Mais elle sembla n'y prêter aucune attention. Elle alla droit vers le garçon et s'assit par terre, face à lui. Elle le regarda un long moment avec une infinie tendresse et caressa ses jambes inertes. Elle prit ensuite dans ses mains un des pieds du garçon et l'embrassa, le reposa sur le sol avec précaution, souleva doucement l'autre et l'embrassa aussi. Le garçon et ses parents furent si émus par l'amour et l'humilité d'Amma qu'ils se mirent à pleurer. Même les swamis qui accompagnaient Amma étaient en larmes. Amma resta encore un moment avec le jeune garçon puis se remit en route pour Boston. Deux heures plus tard, le garçon découvrait qu'il pouvait marcher ! Par la grâce d'Amma, il était complètement guéri.

L'opération de Krishnan Ounni

Krishnan Ounni Nair vivait à Los Angeles. Ses parents étaient profondément dévoués à Amma, qui logeait chez eux chaque fois qu'elle venait à Los Angeles.

Krishnan Ounni n'avait que cinq ans quand il fallut l'opérer d'une hernie. Ses parents se faisaient un tel souci pour cette opération qu'ils firent prévenir Amma en Inde. La veille de l'intervention, Amma leur téléphona pour dire : « Mes enfants, ne vous inquiétez pas. Il n'y a aucun risque. Amma sera avec Krishnan Ounni pendant l'opération. »

Le lendemain, on conduisit Krishnan Ounni à l'hôpital. En cours de route, pour le réconforter, ses parents lui racontaient des histoires d'Amma et de Krishna.

Au moment de partir pour la salle d'opération, sur le lit roulant, sa maman lui expliqua qu'elle ne pouvait pas l'accompagner à l'intérieur. Elle lui dit : « Souviens-toi de ce qu'Amma a dit hier au téléphone : tout va bien se passer pour toi et elle sera avec toi. »

« Oui », répondit Krishnan Ounni dans un murmure.

Quelques heures plus tard, lorsqu'il se réveilla après l'anesthésie, sa mère était assise près de lui. Elle lui sourit : « Tu vois, tu vas bien ! Amma a dit que tout se passerait bien, n'est-ce pas ? »

Le petit garçon la regarda : « Je sais, Maman. J'ai vu Amma. Elle est restée tout le temps debout à côté de moi, la main posée sur mon épaule. »

Depuis, Krishnan Ounni et sa famille ont déménagé en Inde. Ils vivent tous à l'ashram d'Amritapouri et son père est le directeur médical d'AIMS, l'hôpital ultra-moderne qu'Amma a fait construire à Cochin.

Une petite fille revient à la vie

Shayma, une petite voisine d'Amma, avait parfois de graves problèmes respiratoires. Un jour, elle fit une crise d'asthme si violente que sa grand-mère l'emmena d'urgence à l'hôpital. Mais il était trop tard. À son arrivée, Shayma était déjà morte. Quand les médecins annoncèrent à la grand-mère que l'enfant était décédée, la vieille femme s'effondra. Elle prit le petit corps dans ses bras, sortit de l'hôpital et prit le bus, sa petite fille morte sur les genoux. De retour au village, la pauvre vieille alla directement au temple d'Amma et déposa l'enfant sur le siège sacré où Amma s'assoit toujours pendant le Dévi Bhava. Elle sanglotait à fendre l'âme. Amma se trouvait chez des dévots en train de chanter des bhajans, quand elle se sentit soudain très agitée. Elle cessa brusquement de chanter et revint au temple à toute allure. Là, elle trouva la grand-mère qui pleurait et se lamentait à côté du corps sans vie de la fillette, posé en travers du siège.

La vieille femme se mit à supplier Amma de sauver l'enfant. Amma s'assit par terre et, ayant pris le corps sur ses genoux, resta longtemps en méditation. Tout à coup, la fillette ouvrit les yeux, et peu à peu, revint à la vie. La grand-mère, le visage ruisselant de larmes de joie, débordait de gratitude et couvrit Amma de baisers.

La foi d'une enfant

En 1991, Amma passa trois jours à Vancouver, au Canada. C'est là que la famille Herke la rencontra pour la deuxième fois. Une semaine plus tard, ils s'apprêtaient à descendre en voiture en Californie où Amma poursuivait sa tournée. Le jour du départ, les parents d'un des camarades de Sharada Herke, âgée de six ans, vinrent à l'école pour demander à tous les enfants de prier pour leur fils de deux ans. Celui-ci était tombé dans la piscine cinq jours plus tôt, et était resté sous l'eau au moins cinq minutes. Depuis lors, il était dans le coma. D'après les médecins, s'il en sortait, il serait certainement handicapé moteur. Comme cinq jours déjà s'étaient écoulés sans qu'il reprenne conscience, ils pensaient qu'il ne survivrait pas. Au moment de partir avec sa famille pour la Californie, Sharada s'écria : « Je sais ! Je vais en parler à Amma ! »

Ils arrivèrent à l'ashram, pendant le Dévi Bhava. Sharada alla directement parler à Amma du petit garçon. Amma la regarda longuement et lui dit qu'elle prierait pour lui.

Plusieurs semaines plus tard, de retour au Canada, la famille Herke apprit la suite de l'histoire. Le soir-même où Sharada avait parlé à Amma de l'accident du petit, il s'était réveillé soudainement, en parfaite santé, comme après une bonne nuit de sommeil, alors qu'il sortait d'un coma de six jours. Pour les médecins, c'était un véritable miracle. Il n'y avait aucune trace de lésion cérébrale, et le long programme de rééducation normalement requis s'avéra tout à fait inutile dans son cas. Tout cela arriva grâce à la foi innocente de Sharada. Elle savait qu'il suffisait de parler à Amma de l'accident pour que tout s'arrange. Et c'est exactement ce qui arriva.

Le manguier

Les êtres humains ne sont pas les seuls à être les enfants d'Amma. Elle aime les animaux et les plantes autant que les humains. Elle est la Mère de toutes les créatures. Voici ce qui est arrivé à l'un des enfants d'Amma : un arbre.

Quelques brahmacharis déracinèrent un jour un jeune manguier pour le déplacer. Malheureusement, la transplantation fut un choc pour l'arbrisseau et les brahmacharis oublièrent de s'en occuper. Alors il dépérit et finit par mourir. Quelque temps plus tard, Amma passa devant l'arbre mort. Quand elle le vit, son visage soudain ne fut plus que souffrance. Elle se baissa pour embrasser l'arbre, comme une mère embrasserait son enfant blessé, et les brahmacharis remarquèrent qu'elle avait les yeux pleins de larmes. Ils étaient profondément touchés par la compassion et l'amour d'Amma envers la nature, par l'intérêt qu'elle portait au petit arbre ; en la voyant pleurer, ils fondirent en larmes.

Amma leur dit : « Mes enfants, je vous en prie, ne détruisez plus jamais la vie. Un chercheur spirituel ne doit jamais agir ainsi. Notre but est de percevoir la vie en tout, de sentir que tout est vivant. Nous n'avons aucun droit de détruire. Seul Dieu en a le droit, Lui qui crée toute chose et en prend soin. Souvenez-vous que tout est rempli de conscience et de vie. Il n'existe rien de purement matériel. Tout est conscient. Dieu est partout. »

Puis Amma serra l'arbre dans ses bras et lui demanda de pardonner aux brahmacharis. Quelques jours plus tard, ils découvrirent que l'arbrisseau était revenu à la vie et qu'il faisait de nouvelles feuilles. Le baiser divin d'Amma, son amour, avaient ressuscité l'arbre mort.

Une fleur pour Krishna

Bhaskaran, un des voisins d'Amma, était un vieil homme qui gagnait sa vie en psalmodiant le Srimad Bhagavatam et d'autres textes sacrés. Il allait de village en village et acceptait l'argent qu'on lui offrait pour son service. Ayant entendu parler du Krishna Bhava d'Amma, il y vint à plusieurs reprises, mais il n'était pas réellement convaincu.

Une nuit, il fit un rêve très intense dans lequel Krishna lui apparut et lui dit : « Mon fils, tu as passé des années à cheminer de village en village en me tenant (le Srimad Bhagavatam) sous le bras, et qu'en as-tu retiré ? Je suis là, sous ton nez, dans la maison voisine, et tu ne me reconnais pas ! Quel sot tu es ! » Bhaskaran se réveilla en sursaut. Dès lors, il assista souvent aux Krishna Bhava.

Un jour qu'il revenait d'un village voisin, il longea l'étang qui se trouvait à côté d'un temple. Comme il admirait la beauté des lotus qui flottaient sur l'eau, il songea : « Comme j'aimerais offrir une de ces fleurs à Krishna pendant le Krishna Bhava. » Il demanda au prêtre du temple l'autorisation de cueillir un lotus pour l'offrir à Krishna, en prit un magnifique, tout rose, et se remit en route pour rejoindre Amma.

En chemin, il fut arrêté par un charmant petit garçon qui le pria de lui donner la fleur. Ce fut un vrai dilemme pour Bhaskaran. Il ressentait une attirance inexplicable pour cet enfant et un fort désir de lui tendre la fleur pour lui faire plaisir. Mais il trouvait incorrect de donner à un laïc ce qui était destiné au culte du Seigneur. Son cœur l'emporta finalement sur son sens du devoir : il offrit le lotus au petit garçon.

Quand il arriva à l'ashram, Amma était déjà en Krishna Bhava. A peine était-il entré dans le temple, qu'Amma l'appela à ses côtés et lui demanda en souriant : « Où est la fleur ? » Le cœur de Bhaskaran fit un bond. Sous l'effet de la surprise, il ne put articuler un mot. Amma lui tapota la tête affectueusement et lui dit : « Ne t'inquiète pas, le petit garçon à qui tu as donné la fleur, c'était moi, Krishna. »

Jason

Lors de son premier séjour à New York, au début du darshan, Amma montra du doigt un petit garçon blond, assis à côté de son père de l'autre côté de la pièce, et confia à l'un des brahmacharis : « Cet enfant n'a pas de mère. Amma éprouve beaucoup d'amour et de compassion pour lui. » Le garçon n'avait pas encore rencontré Amma, et personne n'avait mis Amma au courant de sa situation familiale.

Au bout d'un moment, pour jouer, Amma lui lança un chocolat. Il sourit et mangea le chocolat. Quelques instants plus tard, elle lança un autre chocolat, cette fois à mi-chemin entre elle et le petit. Il se rapprocha d'Amma et se régala une fois encore. Amma répéta son stratagème plusieurs fois et quand le petit garçon se trouva assez près, elle tendit le bras et l'attrapa. Ils rirent tous les deux, et le garçon sentit tout de suite un lien profond avec Amma.

Le père vint auprès d'Amma et lui expliqua que son fils de six ans, Jason Richmond, avait perdu sa mère à l'âge de huit mois et qu'il se réveillait souvent la nuit en pleurant et en demandant pourquoi il n'avait pas de maman. Amma garda Jason dans ses bras et lui dit : « Jason, je suis ta maman ! » Jason la regarda longuement avec surprise. Il pensait qu'Amma voulait dire qu'elle était la maman qui l'avait mis au monde. Son visage rayonnait de joie. Pour la première fois de sa vie, il faisait l'expérience de l'amour d'une mère, d'une maman à lui. Les jours suivants, puis à chacun de ses voyages aux Etats-Unis, Amma inonda Jason d'amour et lui fit sentir qu'elle était bien sa vraie mère.

Ce matin-là, le père de Jason confia aussi à Amma que le petit garçon souffrait d'épilepsie, qu'il avait souvent des crises et que les médicaments s'avéraient totalement inefficaces. Amma lui donna un morceau de bois de santal et lui expliqua comment l'utiliser[9]. Les instructions d'Amma furent suivies à la lettre et depuis, Jason n'a plus eu une seule crise d'épilepsie.

---

[9] En Inde, on fabrique une pâte avec le bois de santal. Amma en recommande l'usage pour différentes maladies.

Troisième partie

L'enseignement d'Amma

1. Mes enfants, la société a besoin de gens comme vous, jeunes et intelligents. Vous êtes l'espoir et l'avenir du monde. Laissez la fleur qui vit en vous s'épanouir et répandre son parfum dans le monde entier ! Préparez-vous à essuyer les larmes de ceux qui souffrent et à propager la lumière de la spiritualité.

2. Amma souhaite que tous ses enfants consacrent leur vie à répandre l'amour et la paix dans le monde. L'amour et de la dévotion réelles envers Dieu, c'est la compassion envers les pauvres et envers ceux qui souffrent. Mes enfants, nourrissez ceux qui ont faim, aidez les pauvres, consolez ceux qui ont du chagrin, réconfortez ceux qui souffrent, soyez charitable envers tous. Tel est le message d'Amma.

3. L'or est précieux et beau. Imaginez maintenant qu'il soit en outre parfumé : quels ne seraient pas alors sa valeur et son charme ! La méditation, les pratiques spirituelles sont infiniment précieuses. Mais si, en plus de la méditation et de l'adoration,

nous nous efforçons aussi de développer des qualités telles que l'amour, la compassion et la bienveillance envers les autres, nous serons comme de l'or parfumé : exceptionnel et unique.

4. Un disciple n'aimait pas faire l'aumône. Son maître, qui le savait, se déguisa en mendiant et se rendit chez lui. Quand il arriva, ce disciple était en train de vénérer le maître en offrant du lait et des fruits devant sa photo. Du seuil de la maison, le maître l'interpella : « Pour l'amour de Dieu, s'il vous plaît, donnez-moi quelque chose. » Mais le disciple le chassa en criant « Tu n'auras rien ! » Aussitôt, le maître enleva son déguisement. Quand le disciple le reconnut, il fut pris de remords et implora son pardon. Beaucoup de gens ressemblent au disciple de cette histoire. Ils offrent du lait et des fruits devant une image de Dieu, mais refusent de donner ne fût-ce qu'une poignée de riz à un homme affamé. Ils sont prêts à aimer une image de Dieu, mais pas le Dieu vivant.

5. Mes enfants, même si notre situation ne nous permet pas d'aider les autres matériellement, nous pouvons au moins leur donner un sourire plein d'amour ou une parole bienveillante. Cela ne coûte rien. Le monde a besoin de cœurs remplis de compassion. C'est le premier pas dans la vie spirituelle. Ceux qui se montrent bienveillants et pleins d'amour envers les autres n'ont pas besoin de partir en quête de Dieu : Dieu accourt vers le cœur qui rayonne de compassion. Un tel cœur est la demeure favorite de Dieu.

6. Amma remarqua qu'un brahmachari n'avait pas ramassé une peau de banane qui traînait par terre depuis un moment.

« Mon fils, tu n'as pas ramassé cette peau de banane, alors que tu l'avais vue. Si on la laisse par terre, quelqu'un risque de glisser par mégarde et de tomber. Ce sera de ta faute, n'est-ce pas ? Parce que tu as vu la peau de banane et que tu ne l'as pas ramassée.

De même, il faut être vigilant quand nous marchons le long de la route. Si des morceaux de verre traînent par terre, il faut les enlever pour que personne ne se blesse. Les gens égoïstes ne se préoccupent pas de tels détails. Mais il nous appartient d'être vigilants afin d'éviter que quelqu'un se fasse mal, fût-il un de ces égoïstes.

7. Pourquoi dire : « Om Namah Shivaya » quand nous croisons quelqu'un ? « Om Namah Shivaya » signifie : « Je salue Shiva (Celui qui est favorable). » Tout être humain en ce monde est une partie de Dieu. Dire : « Om Namah Shivaya » revient à dire : « Je salue le Divin qui est en toi, et je veux que tu saches que j'éprouve de l'amour et du respect pour cette forme du Divin. »

8. Une enfant issue d'une famille fortunée se lia d'amitié avec une petite fille de son âge, aveugle et handicapée, dont la famille était très pauvre. La petite fille riche aimait beaucoup sa camarade. C'était sa meilleure amie, elle l'invitait tous les jours et s'efforçait toujours de la réconforter et de la faire rire. Mais cette amitié avec une enfant pauvre déplaisait à son père. Il voulait qu'elle se fasse des amis parmi les enfants de son milieu. Dans cette intention, il invita chez lui la fille d'un de ses amis.

Les deux fillettes devinrent amies, pourtant la première demeurait plus attachée à sa petite camarade aveugle et préférait de loin sa compagnie. Son père lui demanda alors : « Pourquoi restes-tu avec cette fille pauvre, alors que la fille de mon ami est aussi ta camarade ? » « Oh papa, répondit-elle, j'aime bien la fille de ton ami ! Mais elle ne manque pas de jouets, elle a d'autres compagnes de jeu. Mon amie infirme, elle, est toute seule. Si je ne l'aime pas, si je ne suis pas gentille avec elle, elle n'aura personne pour s'occuper d'elle. J'ai envie de l'aider. »

Mes enfants, que nous soyons en haut ou en bas de l'échelle sociale, nous sommes tous semblables, ne l'oubliez jamais.

L'existence même des indigents dépend de l'amour et de la compassion des autres. On aide volontiers les riches, alors que les pauvres sont l'objet d'un mépris quasi général; seules quelques rares personnes au cœur bon font exception à la règle.

9. Tout ce qui est matériel, qu'il s'agisse d'argent ou d'objets, disparaît quand on le donne, mais pas l'amour. Plus vous donnez d'amour, plus votre cœur en est rempli. L'amour est un fleuve sans fin. Amma veut que tous ses enfants deviennent des sources d'amour, capables d'abreuver leurs frères humains d'amour et de compassion et d'inciter les autres à les imiter.

10. On a demandé à Amma : « Pourquoi Dieu ne fait-Il rien quand les gens souffrent ? Est-Il impuissant à les libérer de leur souffrance ? »

Dieu a déjà agi. Il nous a créés dans l'espoir que nous aiderions ceux qui souffrent. Inquiétons- nous d'eux, efforçons-nous de ressentir leur peine et de nous mettre à leur place. Nous avons tendance à ne penser qu'à nos propres difficultés, à rester indifférents aux épreuves des autres et à n'éprouver aucune compassion. C'est notre problème essentiel.

11. Il était une fois un roi dont le royaume était l'objet d'attaques incessantes et qui perdait toutes les batailles. Comme l'ennemi s'en prenait à ses frontières, il perdait chaque fois une parcelle de son territoire. Cette situation lui était devenue insupportable et un jour, il décida de tout abandonner, d'abandonner le trône et de se retirer dans la forêt. Il était très déprimé. Un jour, il observa une petite araignée qui tissait sa toile entre deux branches d'arbre. Inlassablement, elle tentait de raccorder ses fils entre les branches, mais sans succès car la toile n'arrêtait pas de se déchirer. Toutefois, malgré ses échecs répétés, elle refusait de capituler. Fasciné, le roi regardait la petite tisserande qui continuait obstinément sa tâche. L'araignée sauta même sur une autre branche pour essayer

de tendre sa toile à partir de l'autre côté. Finalement, après de nombreuses tentatives, elle réussit à filer et tisser entre les deux branches une toile solide et magnifique.

Cette petite araignée enseigna au roi une grande leçon. Il se dit : « Si une minuscule araignée est capable de tels efforts et d'une telle persévérance, je peux bien en faire autant et remplir mon devoir de roi, sans abandonner le royaume ni fuir les difficultés. » Et c'est ainsi que le roi retourna dans son royaume pour y assumer son rôle de souverain. Dès lors, il refusa de se résigner. Grâce à sa détermination et à son courage, il remporta la victoire sur les attaquants et les dissuada de faire la guerre. Et finalement, il apporta la paix à son pays. Il régna pendant de nombreuses années avec justice et sagesse, et il n'oublia jamais la leçon de la petite araignée.

12. Aucun travail n'est insignifiant ni dénué de sens. Ce qui donne à votre tâche son sens et sa beauté, c'est le degré d'amour, le cœur que vous y mettez.

13. La maîtrise du mental est la clé de tout. Cet apprentissage fait partie de l'éducation spirituelle et il est essentiel.

14. Si une personne est tournée vers la spiritualité, même son « égoïsme » sera bénéfique pour le monde. Deux garçons reçurent un jour quelques graines d'un moine errant qui traversait leur village. Le premier enfant fit griller ses graines, les mangea et apaisa sa faim. C'était un matérialiste. Le deuxième sema ses graines et en récolta une grande quantité qu'il distribua aux affamés. Si les deux garçons ont fait preuve d'égoïsme au départ en acceptant ce qui leur était donné, l'attitude du second enfant a aidé beaucoup de gens.

15. Votre coeur est un temple que vous devez consacrer à Dieu. Vos bonnes pensées sont les fleurs que vous Lui offrez, vos bonnes

actions constituent le culte que vous Lui rendez. Quand vous parlez à autrui avec bienveillance, vous Lui chantez un hymne. Et votre amour est la nourriture consacrée que vous Lui offrez.

16. Mes enfants, ne faites jamais rien qui puisse causer du chagrin ou de la souffrance à autrui, car cela aura des répercussions négatives sur vous. Souvent, la personne que nous blessons est innocente. Le cœur gros, elle va se plaindre que vous lui avez fait de la peine alors qu'elle n'a rien à se reprocher. Ses pensées et ses prières auront une influence et engendreront de la souffrance pour vous dans le futur. C'est pourquoi, il est vivement recommandé de ne jamais blesser personne en pensée, en parole ou en action. Si nous ne pouvons pas rendre les autres joyeux, nous pouvons au moins nous abstenir de leur nuire. Si nous y veillons, la grâce de Dieu sera avec nous.

17. Un ministre se rendit dans le village le plus sale du pays. Il était bien entendu l'hôte du maire. Des tas d'ordures s'entassaient partout le long des rues et les rigoles débordaient d'eaux usées qui stagnaient. Il régnait dans le village entier une puanteur épouvantable.

Il demanda au maire pourquoi cet endroit était si sale. « Les villageois sont ignorants. Ils n'ont aucune notion d'hygiène. Ils s'en moquent, voilà tout. J'ai essayé de leur faire la leçon, mais ils ne m'écoutent pas. J'ai eu beau m'évertuer à leur dire de nettoyer le village, ils refusent. Alors, j'ai abandonné… » : Le maire était intarissable sur l'irresponsabilité de ses administrés. Quant au ministre, il écoutait patiemment, sans mot dire. Ils dînèrent, après quoi le ministre alla se coucher.

Le lendemain matin, au réveil, le maire voulu appeler le ministre pour le petit-déjeuner mais il découvrit que son hôte était déjà sorti. Il chercha partout, interrogea les domestiques, mais personne ne savait où se trouvait le ministre. Il finit par le découvrir dans la rue : il ramassait les ordures, seul. Il entassait les détritus et y mettait le feu.

Le maire pensa : « Puis-je me croiser les bras alors que le ministre travaille d'arrache-pied ? » Il se joignit au ministre et se mit à nettoyer lui aussi. En sortant de chez eux, les villageois furent bien étonnés de voir les deux hommes faire un travail aussi salissant. Ils se dirent qu'ils ne pouvaient pas rester spectateurs pendant que le ministre et le maire nettoyaient le village et ils se mirent eux aussi au travail. En un clin d'œil, le village fut impeccable. Les poubelles avaient été ramassées et les rigoles étaient propres. On ne voyait plus le moindre déchet. Le village avait complètement changé d'aspect.

Mes enfants, enseigner par l'exemple vaut mieux que tous les longs discours. Au lieu de montrer les autres du doigt, de leur reprocher leur négligence, prenez l'initiative et donnez l'exemple. Vous verrez que, tout naturellement, les autres vous imiteront. La critique n'a jamais transformé personne. Quand vous blâmez autrui, cela pollue votre esprit et il n'en résulte rien de bon. Il faut passer à l'acte. C'est en prenant vous-même l'initiative que vous transformerez et améliorerez les choses.

18. Pardonnons toujours les erreurs d'autrui. La critique ou le blâme injustifiés déclenchent en nous la colère. Mais il faut pardonner. Dieu nous met à l'épreuve, et Il teste aussi ceux qui nous offensent. Ne vous mettez jamais en colère contre personne.

19. Ceux qui, par égoïsme, nuisent aux autres, creusent le trou dans lequel ils tomberont. Cela revient à cracher en l'air en étant allongé sur le dos : le crachat nous retombe en pleine figure.

20. Mes enfants, dans la vie, il est normal d'essuyer des échecs. Si vous trébuchez et tombez, vous ne dites pas : « Puisque c'est comme ça, je vais rester par terre. Je ne vais pas me relever pour continuer. » Ce serait stupide, n'est-ce pas ?

L'enseignement d'Amma

Avant de savoir bien marcher, un petit enfant tombe des centaines de fois. Ainsi, les déboires font partie de la vie. Souvenez-vous que chaque revers contient aussi un message de succès potentiel. Comme le bébé qui chancelle et tombe avant de marcher d'un pas assuré, tout échec marque le début de notre progression vers le but ultime. Il n'y a donc pas lieu d'être déçu ou frustré.

21. Un homme porte sur la tête une grosse valise, très lourde. Il monte dans un train. Après le départ, comme il souffre sous le poids de son bagage, il se plaint : «Oh ! Que cette valise est lourde !»

Un passager lui conseille : « Posez-la par terre ! Le train la portera pour vous.»

Ainsi, quand nous abandonnons tout aux pieds du Seigneur, il est inutile de se faire du souci. Dieu porte notre fardeau pour nous.

22. Si nous étudions la vie de Rama, de Krishna, de Bouddha et de Jésus-Christ, nous voyons qu'ils ont dû affronter de nombreux obstacles. Mais comme ils étaient patients et enthousiastes, ils ont atteint leur but.

Mais, dira-t-on, c'étaient des mahatmas hors du commun, nous ne pouvons pas nous comparer à eux. Nous ne sommes que des êtres ordinaires, comment pourrions-nous les imiter ? À cela, Amma répond que nous ne sommes pas des êtres ordinaires. Nous sommes extraordinaires. Il y a en chacun de nous une puissance infinie. Nous ne sommes pas de petites piles. Nous sommes directement reliés à la Source même d'énergie. Il nous faut apprendre à manifester cette énergie, à la cultiver et à la réaliser. Alors, nous aussi, nous atteindrons notre but.

23. Mes enfants, si chacun de nous fait l'effort nécessaire, nous pouvons affranchir notre pays de la pauvreté.

24. Il suffirait que dans chaque village ou quartier, deux jeunes se mettent au service de l'humanité, prennent l'initiative d'organiser des actions sociales et propagent la sagesse spirituelle, pour que le monde aille mieux.

25. Il y a beaucoup à apprendre de la nature, en observant avec quelle aisance elle surmonte tous les obstacles. Voyez par exemple la minuscule fourmi : si une pierre se trouve sur son passage, elle grimpe par-dessus ou la contourne et poursuit son chemin. Si un rocher fait obstacle à la croissance d'un arbre, celui-ci pousse à côté. De même, l'eau de la rivière coule et contourne un tronc d'arbre ou une grosse pierre. Apprenons, nous aussi, à nous adapter à toutes les circonstances de la vie, à les surmonter avec patience et enthousiasme.

26. Si quelqu'un nous dispute ou nous cherche querelle, nous nous mettons en colère. Il se peut même que, par hostilité, nous réagissions par une agression physique. Mais les sages n'éprouvent aucune inimitié envers quiconque. Ils aiment aussi leurs opposants. Telle était la nature des sages et des nobles personnages des épopées indiennes.

27. Pour devenir un grand arbre, la graine doit d'abord s'enfoncer sous terre. Seules la modestie et l'humilité nous permettent de grandir spirituellement. L'orgueil et l'égoïsme nous mènent à notre perte. Soyez remplis d'amour et de compassion, et ayez l'attitude d'un serviteur vis à vis de tous. Tout l'univers se prosternera alors à vos pieds.

28. Lors d'un cyclone, de grands arbres sont déracinés et des bâtiments s'effondrent. Mais quelle que soit la puissance du vent, il ne peut pas faire le moindre mal au modeste brin d'herbe. Telle est la grandeur de l'humilité.

29. Mes enfants, lorsque vous quittez la maison pour faire une course, saluez respectueusement vos aînés avant de partir. Prenez l'habitude de dire au revoir à vos parents avant d'aller à l'école le matin. Dieu accorde Sa grâce à ceux qui sont humbles.

30. Le monde a besoin de serviteurs, non de dirigeants. Tout le monde souhaite commander. Nous avons bien assez de chefs qui ne sont pas de vrais gouvernants. Devenons plutôt de véritables serviteurs. Car c'est la seule façon de devenir un vrai dirigeant.

31. Dieu demeure en toute chose, pas seulement dans les êtres humains. Il est dans les montagnes, les rivières et les arbres, dans les oiseaux et les animaux, dans les nuages, le soleil, la lune et les étoiles.

Tout, dans la nature a son rôle à jouer. Il n'y a pas d'erreur dans la Création divine. Tous les éléments de la Création ont leur raison d'être. Qui, ayant compris cela, pourrait tuer ou détruire ?

32. Mes enfants, pensez aux miracles de la nature ! Quelle bénédiction pour les dromadaires de disposer d'une poche spéciale pour stocker leur réserve d'eau lors des longues traversées du désert. Quant au kangourou, il peut transporter son petit partout où il va, grâce à son berceau intégré. Les créatures les plus insignifiantes, même celles qui sont dangereuses, ont leur rôle à jouer dans le monde. Les araignées, par exemple, empêchent la prolifération des insectes, les serpents celle des rats, et même le minuscule plancton de l'océan sert de nourriture aux baleines. De nombreuses plantes qui ont l'air de mauvaises herbes possèdent des propriétés médicinales et peuvent guérir de terribles maladies. Nous ignorons la raison d'être de tout ce qui existe. Mère Nature demeure pour nous un mystère. Mais aucune créature, aucun être humain, rien ne pourrait vivre sans elle. Notre devoir est donc de veiller affectueusement sur tout ce qui vit.

33. Les plantes et les arbres aussi ont des sentiments. Ils peuvent même éprouver de la peur. Quand on s'approche d'un arbre avec une hache, l'arbre est si effrayé qu'il en tremble. Cela ne se voit pas, mais si vous avez le cœur plein de compassion, vous le sentez.

34. L'expérience est notre maître. Et la souffrance, mes enfants, est le maître qui nous rapproche le plus de Dieu.

35. Voyez le bien en chacun. Soyez comme l'abeille qui ne récolte que le pollen partout où elle va.

36. Nous affaiblissons notre esprit en regardant les fautes des autres, et nous nous élevons en choisissant de voir le bien en chacun. Quelle que soit la personne, à l'instant où nous déclarons qu'elle est mauvaise, nous devenons mauvais. Il se peut qu'il y ait chez un être quatre-vingt-dix-neuf pour cent de mauvais. A nous de voir le un pour cent qui reste. Alors, nous deviendrons nous-mêmes bons. En voyant le mauvais côté d'autrui, nous nous abaissons. Notre prière devrait toujours être : « Ô mon Dieu, fais que mes yeux ne voient que le bien en chacun ! Donne-moi la force de servir le monde de façon désintéressée. » C'est seulement en nous abandonnant ainsi que nous pourrons connaître la paix intérieure. Efforçons-nous donc de devenir peu à peu de bons serviteurs de Dieu.

37. Si nous tombons dans un trou, allons-nous nous fâcher contre nos yeux et les crever parce qu'ils ne nous ont pas guidés correctement ? Non, bien sûr que non. De même que nous endurons patiemment les erreurs commises par nos yeux, acceptons que les autres puissent échouer ou se tromper, et demeurons toujours bienveillants envers eux.

38. Même quand le bûcheron coupe un arbre, celui-ci lui donne de l'ombre. Pour un chercheur spirituel, voilà le modèle à suivre.

Seul celui qui prie pour le bien-être des autres, y compris de ceux qui le font souffrir, manifeste de véritables qualités spirituelles.

39. Si vous faites cent bonnes actions et commettez une seule erreur, les gens vous méprisent et vous rejettent. Mais si vous commettez cent erreurs, Dieu vous aime et vous accepte pour une seule bonne action. Il ne faut donc s'attacher qu'à Dieu, et tout Lui consacrer.

40. Il n'y a qu'un seul Dieu. Le lait porte des noms différents dans les diverses langues. Un habitant du Kérala dit : « paal », et un Anglais : « milk ». Chaque langue utilise un mot différent. Mais quel que soit ce mot, la couleur et le goût du lait restent identiques. Les chrétiens appellent Dieu : « Christ » et les musulmans disent : « Allah ». Les hindous L'appellent Shiva, Krishna ou la Mère divine. Il s'agit du même Dieu. Chacun comprend Dieu et Le vénère selon sa culture.

41. Pratiquer la méditation est profitable à tous, même aux petits enfants. Ils développeront ainsi une grande intelligence et une excellente mémoire, ce qui les aidera beaucoup dans leurs études.

42. Méditer et accomplir des pratiques spirituelles ne consiste pas seulement à s'asseoir les yeux fermés dans la posture du lotus. Cela inclut aussi le service désintéressé de ceux qui souffrent, consolez ceux qui sont dans la détresse, souriez et parlez avec bonté.

43. Les difficultés des autres nous laissent le plus souvent indifférents. Notre attitude se résume ainsi : « Tant pis si les autres souffrent, du moment qu'il ne s'agit pas de moi ! » Changeons ce comportement et remplaçons-le par le désir sincère que personne ne souffre en ce monde. Au lieu de penser : « Pourquoi devrais-je souffrir ? », demandons-nous « Pourquoi quelqu'un devrait-il souffrir ? » Apprenons à faire passer les autres avant nous.

44. L'humilité est le signe de la véritable connaissance.

45. Nous sommes tous différentes formes du Soi unique, comme des bonbons identiques emballés dans des papiers de couleurs différentes. Le bonbon dans le papier vert peut dire à celui enveloppé de rouge : « Je suis différent de toi. » Et le rouge peut déclarer au bleu : « Toi et moi sommes différents. » Ôtons les papiers, et tous les bonbons sont exactement semblables. Ainsi, il n'y a pas vraiment de différence entre les gens. Riches ou pauvres, bruns ou blancs, beaux ou laids, en bonne santé ou malades, à l'intérieur, nous sommes tous pareils. Mais nous l'oublions et nous nous laissons tromper par l'aspect extérieur. C'est à cause de cette illusion que nous nous créons des problèmes dans le monde actuel.

46. Le vœu le plus cher d'Amma est que tous ses enfants deviennent si purs qu'ils soient une source de lumière et d'amour pour tous ceux qu'ils rencontrent. Le monde n'a pas besoin de prêcheurs, mais d'exemples vivants.

47. Mes enfants, souvenez-vous toujours que votre vraie famille est le monde, l'humanité. Si vous vous faites mal à la main gauche, la main droite lui vient en aide. C'est que les deux mains font partie du même corps, que vous ne faites qu'un avec elles. C'est avec ce sentiment d'unité que nous devrions aimer et servir tous nos frères et sœurs en ce monde. Pardonnons leurs erreurs, soyons prêts à souffrir par amour pour eux. C'est là l'essence de la spiritualité.

48. Mes enfants, au lieu de montrer les autres du doigt et de les critiquer, essayez d'abord de vous corriger.

49. Il y a amour et Amour. Vous aimez votre famille, mais pas votre voisin. Vous aimez votre père et votre mère, mais vous n'aimez pas tout le monde de la façon. Vous aimez votre religion, mais pas toutes les religions. Il se peut même que vous n'aimiez pas ceux qui appartiennent à d'autres traditions religieuses. Vous

aimez votre pays, mais pas toutes les nations. Il ne s'agit pas d'Amour véritable, mais d'un amour limité. La transformation de cet amour limité en Amour divin est le but de la spiritualité. Dans la plénitude de l'Amour s'épanouit la magnifique fleur parfumée de la compassion.

50. Si vous faites un pas vers Dieu, vous verrez qu'Il en fera cent vers vous.

Om Amriteshwaryai Namaha

www.ingramcontent.com/pod-product-compliance
Lightning Source LLC
Chambersburg PA
CBHW070619050426
42450CB00011B/3083